普通高等教育"十三五"规划教材
高职高专实验（训）系列

U0753999

进出口业务实训教程

主　审　刘爱萍

主　编　王蒙燕

副主编　靳　娟

　　　　董志尚

立信会计出版社
LIXIN ACCOUNTING PUBLISHING HOUSE

图书在版编目(CIP)数据

进出口业务实训教程 / 王蒙燕主编. —上海：立信会计
出版社，2016.7(2020.8重印)
普通高等教育"十三五"规划教材
ISBN 978-7-5429-5137-3

Ⅰ.①进… Ⅱ.①王… Ⅲ.①进出口业务—高等学
校—教材 Ⅳ.①F740.4

中国版本图书馆 CIP 数据核字(2016)第 161943 号

责任编辑 方士华
封面设计 南房间

进出口业务实训教程

Jinchukou Yewu Shixun Jiaocheng

出版发行	立信会计出版社		
地 址	上海市中山西路 2230 号	邮政编码	200235
电 话	(021)64411389	传 真	(021)64411325
网 址	www.lixinaph.com	电子邮箱	lixinaph2019@126.com
网上书店	http://lixin.jd.com	http://lxkjcbs.tmall.com	
经 销	各地新华书店		

印 刷	江苏凤凰数码印务有限公司		
开 本	787 毫米×1092 毫米	1/16	
印 张	9.25		
字 数	241 千字		
版 次	2016 年 7 月第 1 版		
印 次	2020 年 8 月第 3 次		
书 号	ISBN 978-7-5429-5137-3/F		
定 价	39.00 元		

如有印订差错，请与本社联系调换

普通高等教育"十三五"规划教材

高职高专实验(训)系列

编 委 会 主 任　　赵水根

编委会副主任　　王振华　　张学功

编 委 会 委 员　　（以姓氏笔画为序）

马荣贵　孔祥慧　宁艳岩　刘爱萍　刘　喆

张效梅　李煜辉　陈爱国　倪天林　琚军红

董云展　韩宗保

行业企业委员（以姓氏笔画为序）

王寿轩　牛宗芬　史　强　石维堂　张连升

张延民　赵永战　赵树亭　臧喜昌

总　序 Total order

实验(训)教学是高等职业教育教学的重要环节,是培养适应现代经济社会发展的高素质技能人才的重要保障。规范实验(训)教学内容,建立标准化的实验(训)教学流程是完善实践教学体系,推进人才培养规范化,加快发展现代职业教育的重要举措。为此,我们编纂了本系列实验(训)教材。

本系列教材在编纂过程中,紧密结合行业企业发展实际,坚持应用导向,坚持实践教学与理论教学相衔接,实践内容与职业标准相衔接,实践技能与职业技能鉴定相衔接,把职业岗位所需要的知识、技能和职业素养融入实践教学,构建对接紧密、特色鲜明的实践教学课程体系。

本系列教材在栏目编排上,采用模块化的结构,系统讲解实践教学的各个环节。同时,本系列教材紧贴实践教学内容,采用项目教学、案例教学、工作过程导向教学等教学模式。

为确保教材质量,本系列教材由具有企业一线工作经历和丰富实践教学经验的"双师型"教师编写。在写作方式上,本系列教材力求语言简练、形式活泼、深入浅出。本系列教材以课程为单元,配有丰富的实验(训)案例,是高校教师教授实践类课程的重要参考。

普通高等教育"十三五"规划教材编委会

前　言　FOREWORD

　　改革开放以来,我国对外贸易发展迅猛,进出口贸易总额不断攀升,目前,我国已成为世界第一大贸易国。与之相应的,国际经济与贸易、国际商务、商务英语等专业人才需求量不断上升,同时,企业对外贸专业人才提出了要具有高素质、较强实践能力的要求。为适应对外贸易发展的新形势和企业对外贸人才的操作技能的要求,我们精心编写了本教材。

　　本教材以工作任务为主线,以专业能力为核心,按实际职业岗位的工作情境将进出口贸易业务分为出口贸易和进口贸易两部分内容,并根据进、出口业务实际操作程序组织实训项目。出口贸易的主要实训项目有:报价磋商,签订外销、采购合同,落实信用证,办理订舱、保险、产地证,办理报检、报关、装运,办理结汇和退税。进口贸易的主要实训项目有:交易磋商和利润核算、签订购买合同、申请开立信用证、办理进口订舱和保险、办理付汇手续、办理进口报检和报关。

　　本教材是在学生完成"国际贸易实务"课程理论学习的基础上进行的单项技能实践操作,本教材以提高学生将理论知识运用在具体进出口业务流程上的能力为目标。每个实训项目都由实训目标、业务导入、操作流程、知识要点、操作实例组成,每个实训项目之后都随附有实训操作练习以期提高学生动手能力和实际技能。

　　本教材可以作为各类高等院校国际经济与贸易、国际商务、商务英语等专业的实训教材。

　　本教材由刘爱萍担任主审,王蒙燕任主编,靳娟、董志尚任副主编。具体编写分工为:靳娟编写项目一、项目二、项目七、项目八;董志尚编写项目三、项目四、项目九、项目十;王蒙燕编写项目五、项目六、项目十一、项目十二;刘爱萍负责全书的审核工作。由于编写时间仓促及编者水平有限,书中不足之处,恳请广大读者批评指正。

编　者

2016 年 7 月

目　录　CONTENTS

第一部分　出　口　贸　易

第一部分

出口贸易

项目 一 报 价 磋 商

实训目标

1. 了解出口交易磋商的基本程序及要求
2. 熟悉业务建交函的主要内容
3. 熟悉业务发盘函的主要内容
4. 熟悉业务接受函的主要内容
5. 掌握出口报价的核算方法

业务导入

河南豫达国际贸易有限责任公司主要从事进出口轻工业产品业务,产品销往东南亚、欧盟等国际市场,具有一定的声誉。在年度广交会上,该公司获悉美国 SUN TRADE CORP.,LTD. 对本公司的网球鞋感兴趣。公司业务员李达先生在收到美国 SUN TRADE CORP.,LTD. 的询盘后,进行价格核算,并向客商发盘。经过一番讨价还价后,双方终于达成交易。

操作流程

因此,按操作程序分解为以下三大任务:

(1) 双方建立业务关系。

(2) 出口商进行出口报价核算。

(3) 双方进行谈判磋商,首先一方向另一方询盘;其次由出口商向进口商发盘,如果进口商对发盘中的内容条款有异议,可以向发盘人还盘;最后双方经过多轮的磋商达成一致,促成接受。

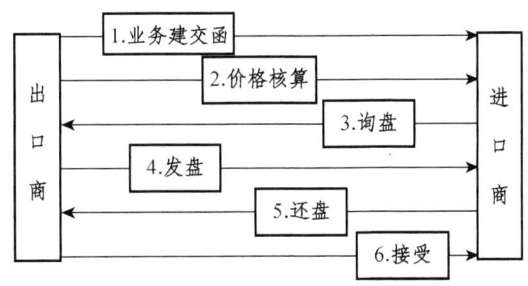

任务一 撰写业务建交函

一、知识要点

（一）操作流程

业务建交函的操作流程如图 1-1 所示。

（二）知识要点

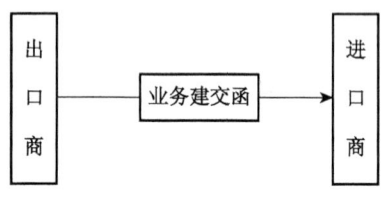

图 1-1 业务建交函的操作流程

1. 业务建交函的内容

（1）说明信息来源，即你从何种渠道获得对方的客户信息。

（2）说明去函的目的。

（3）自我介绍，主要简单介绍本公司的基本情况。

（4）针对所要出口产品的介绍。

（5）表达期盼成交及答复的意愿。

2. 常用句型

1）信息来源

例句：

We have learned/obtained/known/noted your name and address from/through the Commercial Counselor's Office of your Embassy in Beijing.

Your firm had been recommended to us by ABC Corporation, as large importers of textiles.

2）写信目的

例句：

We are writing to you and hoping to establish business relations with you.

We would like to take this opportunity to enter into business relations with you.

The purpose of this letter is to explore the possibilities of developing trade with you.

3）公司介绍

例句：

We are a state-operated corporation, handling both the import and export of textile.

Being specialized in export of Chinese Arts and Crafts goods, we express our desire to trade with you in this line.

We are an exporter of textiles for many years. Our products have enjoyed good reputation in the world for their good quality and reasonable price.

4）产品介绍

例句：

Since there are more than 100 items of your choice, we would like to attach the latest catalogue of our products.

5）表达期望及盼答复

We are looking forward to your earliest reply.

Your immediate reply would be highly appreciated.

二、操作实例

(一) 业务背景资料

近日,河南豫达国际贸易有限责任公司在网上看到美国 SUN TRADE CORP. , LTD. 的求购信息,该美国公司想购买网球鞋等产品。为此,李达先生立即用邮件拟写了一封建交函,介绍了公司背景,随附产品目录,并表示愿意与该公司建立长期的业务关系,希望对方能够尽快答复。

(二) 实例操作

Dear Sirs or Madams,

We have obtained your name and address from the website of the Ministry of Commerce of the People's Republic of China.

We were informed that you are one of the biggest importers of Light Industry Products in USA and you are now in the market for Tennis Shoes. We take this opportunity to approach you in the hope of establishing business relations with you.

To give you a general idea of our products, we enclose herewith a copy of our brochure covering the main items suppliable at present.

If you are interested in any of our products or have other products you would like to import, please contact us with your requirements.

We look forward to providing you with high quality products, superior customer service and complete satisfaction.

Yours sincerely,

HENAN YUDA INTERNATIONAL TRADING CO. , LTD.

Li Da

MAR. 5, 2015

三、实训操作练习

(一) 业务背景

李永是郑州凡科进出口公司的一名业务员,他在阿里巴巴网站上看到法国 ADD CO. , LTD. 欲求购中国纺织品,尤其特别想了解女裙的信息,于是,李永欲抓住这个机会,与对方公司先建立业务关系,力求达成交易。

(二) 业务资料

给法国公司发去一封业务建交函,要求格式完整、正确,主要内容包括公司介绍、主营业务,随附本公司的产品目录,并表达期待尽快与对方达成具体交易的热切愿望。

法国公司的地址:130 LE BUROPOLE AVENUE, MARSEILL FRANCE, TEL:33-4-91123456,E-MAIL: company@mnst. com。

(三) 实训要求

在下列邮箱内,根据上述资料,拟订业务建交函。

普通邮件	群邮件	贺卡	明信片	音视频邮件

发送　定时发送　存草稿　关闭

收件人

添加抄送 - 添加密送 | 分别发送

主题

📎添加附件▾　📎超大附件　🖼照片▾　📄文档　📷截屏　🙂表情　🎵音乐　🅰格式↓

正文

（四）评价方法

（1）内容完整，格式正确。

（2）用词准确，没有语法错误。

任务二　出口报价核算

一、知识要点

（一）操作流程

出口报价核算操作流程如图 1-2 所示。

图 1-2　出口报价核算操作流程

（二）知识要点

1. 出口价格的表示方法

出口价格可以用单价（unit price）和总价（total value）两种方法表示。如每公吨 30 美元 CIF

纽约,可表示为 US＄30.00 Per Metric Ton CIF New York,总价是单价和数量的乘积。

2. 出口价格构成

$$出口商品价格＝成本＋费用＋预期利润$$

3. 出口报价核算要点

出口报价核算要点如表 1-1 所示。

表 1-1　出口报价核算要点

费用项目	说　明	计算公式
购货成本	向国内制造厂商或其他供货商购进货物所付的货款	购货成本＝购货单价×购货数量
出口退税	因为国家为了鼓励出口,会有出口退税的政策,因此实际成本就为购货成本减去退税金额	实际成本＝购货成本－出口退税额 出口退税额＝采购成本×出口退税率÷(1＋增值税税率) 实际采购成本＝含税成本×[1－出口退税率÷(1＋增值税税率)]
内陆运费	拼箱货送至 CFS 或整箱货拉至 CY 所发生的运费,如:费率为人民币 60 元/CBM(立方米)	内陆运费＝出口货物总体积×60 元
商检费	办理出口检验检疫的手续费,如:200 元/次	
报关费	报关手续费,如:200 元/次	
许可证件费	办理出口许可证、产地证、配额证及其他证明所支付的费用	
快递费	快递费是在 T/T 方式下出口商向进口商邮寄单据时按次收取,如:28 美元/次	
银行费用	银行结汇手续费,如:L/C 通知费 200 元/次,修改通知费 100 元/次,议付费率 0.13％(最低 200 元),D/A 费率 0.1％(最低 100 元,最高 2 000 元),D/P 费率 0.1％(最低 100 元,最高 2 000 元)	1. L/C 结汇方式下 押汇手续费＝押汇金额×0.13％ 银行费用＝押汇手续费＋通知费＋修改通知费 2. 托收结汇方式下 银行费用＝托收金额×0.1％ 3. T/T 方式下 银行费用＝总金额×银行费率
预期利润	由公司自定	
海运费	1. 班轮(散货)运费 2. 班轮集装箱运费,按一个货柜计收运费,即包箱费率 3. 租船运费即租船的费用加上各种其他的费用	1. 班轮(散货)运费＝基本费率×(1＋附加费率)×计费数量 2. 班轮集装箱运费,常见的包箱费率有三种:FAK、FCS、FCB
保险费	CIF 条件下由出口商承担,CFR 和 FOB 条件下由进口商负担	保险费＝保险金额×保险费率 保险金额＝CIF 货价×(1＋保险加成率) CIF 报价＝CFR÷[1－(1＋保险加成率)×保险费率]
佣金	在出口报价中,有时对方要求包含佣金。这时称为含佣价	含佣价＝净价÷(1－佣金价)

海洋运输常用的三种贸易术语及报价计算公式如表 1-2 所示。

表 1-2　海洋运输常用的三种贸易术语及报价计算公式

贸易术语	报价计算公式
FOB	FOB 报价＝(实际采购成本＋各项国内费用之和)÷(1－预期利润率)
CFR	CFR(C & F)报价＝(实际采购成本＋各项国内费用之和＋国外运费)÷(1－预期利润率) CFR＝FOB＋国外运费
CIF	CIF 报价＝(实际采购成本＋各项国内费用之和＋国外运费)÷[1－预期利润率－(1＋投保加成率)×保险费率] CIF＝FOB＋国外运费＋保险费＝CFR＋保险费

二、操作实例

(一)业务背景资料

河南豫达国际贸易有限责任公司向美国 SUN TRADE CORP.，LTD. 出口网球鞋,数量为 5 000 双,纸箱装,共需装 250 箱,每箱毛重 25 千克,每箱体积是 20×40×50 立方厘米,运费计费标准 W/M,公司的购货成本是每双鞋 50 元人民币,增值税税率是 17%,出口退税率是 15%,人民币和美元的兑换比价是 6∶1。鞋子在出口前国内所需的费用为购货价格的 5%。河南豫达国际贸易有限责任公司估计的出口利润率为 10%。

问题:

(1)河南豫达国际贸易有限公司应向外商报的 FOB 价格为多少?

(2)如果天津至纽约每吨运费价格为 120 美元,对方公司要求报 CFR 纽约价应该是多少?

(3)如果投保一切险和战争险,把投保加成 10%,保险费率分别为 0.25% 和 0.3%,试计算 CIF 价格是多少?

(二)实例操作

1. 实际采购成本

实际采购成本＝购货成本×(1＋增值税税率－出口退税率)÷(1＋增值税税率)

＝50×(1＋17%－15%)÷(1＋17%)＝43.6(元)

每双鞋的国内总费用＝50×5%＝2.5(元)

出口成本＝实际购货成本＋单位产品国内总费用＝43.6＋2.5＝46.1(元)

FOB 价＝出口成本×(1＋预期利润率)÷外汇汇率

＝46.1×(1＋10%)÷6＝8.45(美元/双)

2. CFR 价

CFR 价＝FOB 价＋海运费

每箱体积＝20×40×50＝0.04(立方米)

每箱重量＝0.025(公吨)

计费标准 W/M,用体积计算运费大于用重量计算运费,所以按体积计算。

每箱运费＝0.04×120＝4.8(美元)

总运费＝4.8×250＝1 200(美元)

CFR＝FOB＋运费＝8.45＋4.8＝13.25(美元)

3. CIF 价

CIF 价＝CFR＋保险费

保险费＝CIF×(1＋投保加成率)×保险费率

CIF＝CFR＋CIF×(1＋投保加成率)×保险费率

CIF＝CFR÷[1－(1＋投保加成率)×保险费率]

＝13.25÷[1－(1＋10%)×0.55%]＝13.33(美元)

三、实训操作练习

(一) 业务背景

郑州凡科进出口公司收到法国 ADD CO., LTD. 的询盘,对货号为 AK2345 的纯棉女式 T-shirt 感兴趣,要求报 CIF Marseille,对此,郑州凡科进出口公司根据成本、有关费用和预期利润核算价格。

(二) 业务资料

相关业务资料如表 1-3 所示。

表 1-3 相关业务资料

供货价	50 元/件,均包含 17% 的增值税,出口纺织品的退税率为 5%
数　量	2 400 件,每一纸盒装半打,每 10 盒装一纸箱,纸箱尺寸 30×40×50 立方厘米,每个纸箱重 30 千克
国内费用	运杂费 1 000 元,商检费 500 元,报关费 50 元,港区港杂费 1 000 元,业务费 2 000 元,其他费用 1 000 元
海运运费	按 W/M 标准,每个运费吨价格为 100 美元
货运保险	CIF 价格基础上加成 10% 投保 PICC 海运货物保险条款中的一切险和战争险,费率分别为 0.5% 和 0.15%
预期利润	报价的 10%
汇　率	6 元人民币兑换 1 美元

(三) 实训要求

要求学生掌握价格构成和各种价格核算的方法,并填写表 1-4。

表 1-4 报 价 汇 总

FOB Tianjin	
CFR Marseille	
CIF Marseille	

(四) 评价方法

学生是否可以根据所提供的相关资料进行价格核算,准确地报出相应的价格。

任务三 谈 判 磋 商

一、知识要点

(一) 操作流程

谈判磋商操作流程如图 1-3 所示。

(二) 知识要点

通常情况下,在国际贸易实务操作过程中,磋商环节包括询盘、发盘、还盘和接受四个部分,其中发盘和接受这两个环节是必不可少的,具有法律效力。我们这里主要实训发盘和接受两个环节。

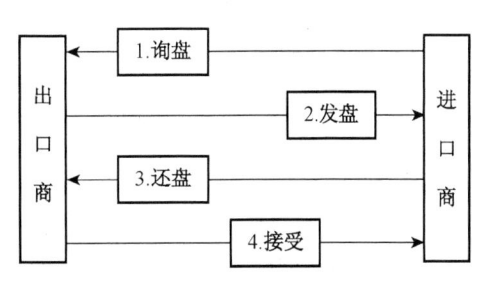

图 1-3 谈判磋商操作流程

1. 发盘

出口商在收到对方的询盘或与对方建立业务关系后,根据价格核算,按合理的价格向对方发盘。发盘的内容通常包括下列几项:

(1) 货物的品名;

(2) 发盘的有效期;

(3) 交易的基本条件,如质量、数量、价格、包装刷唛、保险、交货、付款等;

(4) 交易的附带条件,如检验、不可抗力、索赔、仲裁等。

其中货物的品名、发盘的有效期及交易的基本条件是发盘的必要内容,至于交易的附带条件,即使没有写明也不影响发盘的法律效力。

2. 接受

交易磋商中,受盘人在接到发盘后,不同意或不完全同意发盘人在发盘中提出的条件的情况经常发生,这主要表现在价格等方面。此时,发盘人对受盘人提出的价格要进行利润核算,只要在可接受范围内,就要立即向受盘人发出接受函,表示接受。

接受在法律上称"承诺",是买方或卖方同意对方在发盘中提出的各项交易条件,并愿按这些条件与对方达成交易、订立合同的一种肯定的表示。一旦接受成立,交易即告达成,双方就达成的交易条件签订贸易合同。接受的内容通常包括以下内容:

(1) 感谢对方所作的努力并表示按对方条件成交。

(2) 再次重复交易条件,并请对方确认。

(3) 进一步强调合同履行中一些需要注意的问题。

(4) 向对方表达交易达成的喜悦心情并对未来交易作进一步展望。

二、操作实例

(一) 业务背景资料

美国 SUN TRADE CORP., LTD. 现向河南豫达国际贸易有限责任公司发去询盘,欲购买其网球鞋。河南豫达国际贸易有限责任公司现向对方发盘,根据上面价格核算的相关信息,确定各项交易条件,希望对方尽快订货。装货港是天津,卸货港是纽瓦克,支付方式是信用证,投保一切险,该发盘限 3 月 20 日复到有效。

美国 SUN TRADE CORP., LTD. 收到河南豫达国际贸易有限责任公司关于网球鞋的发盘后,认真审阅发盘中的各项条件,特别是价格等条件,如果对价格等条件有不满意的,可向河南豫达国际贸易有限责任公司进行还盘,并告知对方期望成交的条件。河南豫达国际贸易有限责任公司收到还盘后,也可继续还盘,直到双方对交易条件均满意,达成一致。现假定美国 SUN TRADE CORP., LTD. 同意河南豫达国际贸易有限责任公司的发盘条款,没有异议,请代表美国 SUN TRADE CORP., LTD. 书写一封接受信函。

(二) 实例操作

Dear Mr. Smith,

We are pleased to receive your inquiry dated Mar. 06, 2015 and to hear that you are interested in our products.

In reply to your letter, we are making you the following offer, subject to your reply reaching us on or before Mar. 20, 2015.

Description：Tennis Shoe

Price：US＄13.33 per pair CIF Newark

Packing：20 pairs per carton

Payment：by L/C in seller's favor

Shipment：no later than May 25，2015，transshipment and partial shipment allowed.

Insurance：for 110 percent of the invoice value covering All Risks and War Risk.

We are looking forward to your initial order.

Yours truly，

YUDA Trading International Corporation

Li Da

Mar. 07，2015

Dear Mr. Li,

　　Thank you for your letter of Mar. 07，2013.

　　We would like to inform you that in view of our desire to establish long-standing business relationship，we accept your proposal in the offer，all conditions remain unchanged. We hope you will draw up sale contract and send it to us as soon as possible.

Yours truly，

SUN TRADE CORP.，LTD.

Johnson Smith

Mar. 15，2015

三、实训操作练习

(一)业务背景

郑州凡科进出口公司(地址：郑州市南京路 230 号，TEL：0371-64507896，E-MAIL：textile@hteod.com)主要从事各种纺织品和服装等进出口业务,产品畅销欧美、日本等国际市场。该公司的业务员李东在互联网上获悉美国 OSACAR TRADE CO.，LTD.(地址：922 FRELINGHUYSEN AVENUE，NEWARK，NJ，TEL：1-973-2421234,E-MAIL：OSACAR@123.com)对男式衬衫感兴趣,于是及时与对方取得联系并进行贸易磋商。

(二)业务资料

(1) 6 月 20 日,OSACAR TRADE CO.，LTD. 发来询盘。

"对你方男式衬衫感兴趣,请报 CIF New York 的价格"。

(2) 6 月 21 日,郑州凡科进出口公司向 OSACAR TRADE CO.，LTD. 公司发盘,如表 1-5 所示。

表 1-5　郑州凡科进出口公司的发盘

品　名	货　号	颜　色	单　价
男式衬衫	35	蓝色	6.5 美元/件
	36	黑色	7.5 美元/件
	37	红色	5.5 美元/件
	38	黄色	7.8 美元/件
	39	绿色	7.9 美元/件

贸易术语:CIF New York,不可撤销即期信用证。包装方式:每件装一个塑料袋,20件装一纸箱。交货时间不迟于8月10日。

(3) 6月22日,OSACAR TRADE CO., LTD. 来函。

"对货号35、货号36产品感兴趣,其他条件可以接受,但价格偏贵,如果货号36产品价格可以降低0.50美元,愿意订货3 000件"。

郑州凡科进出口公司根据 OSACAR TRADE CO., LTD. 所提出的还价要求,重新核算了货号36产品的价格。最终经双方协商,初步达成了成立合同的意愿,相关业务资料如表1-6所示。

表1-6 相关业务资料

供货价	50元/件,均包含17%的增值税,出口纺织品的退税率为9%
数　量	3 000件,每件装一塑料袋,20件装一纸箱,纸箱尺寸为30×40×50立方厘米,每个纸箱重20千克
国内费用	运杂费680元,商检费100元,报关费50元,港区港杂费600元,业务费1 200元,其他费用880元
海运运费	按 W/M 标准,每个运费吨价格为100美元
货运保险	CIF 价格基础上加成10%投保 PICC 海运货物保险条款中的一切险和战争险,费率分别为0.5%和0.35%
汇　率	8元人民币兑换1美元

(三) 实训要求

(1) 根据上面的信息,请在图中写出郑州凡科进出口公司向美国 OSACAR TRADE CO., LTD. 的发盘。

普通邮件	群邮件	贺卡	明信片	音视频邮件

发送　定时发送　存草稿　关闭

收件人 _____

添加抄送 - 添加密送 | 分别发送

主题 _____

添加附件 ▼ | 超大附件 照片 ▼ | 文档 截屏 表情 音乐 A格式↓

正文

（2）美国 OSACAR TRADE CO.，LTD. 收到郑州凡科进出口公司的发盘后，对价格进行还盘，请郑州凡科进出口公司在表 1-7 中重新进行核价。

表 1-7　重 新 核 价

（3）经过价格核算，郑州凡科进出口公司接受对方公司的还价，请业务员李东在图中向美国 OCASAR TRADE CO.，LTD. 发去接受函，表明接受对方的价格建议，其他条件保持不变，达成合同的意愿。

| 普通邮件 | 群邮件 | 贺卡 | 明信片 | 音视频邮件 |

发送　定时发送　存草稿　关闭

收件人

添加抄送 - 添加密送 | 分别发送

主题

添加附件｜▼　超大附件　照片｜▼　文档　截屏　表情　音乐　A 格式↓

正文

（四）评价方法

了解发盘和接受的含义及相关信函内容，能够独立完成信函的书写，要求内容完整，语言精准，格式正确。

项 目 小 结

（1）国际贸易总是从潜在的买方和卖方的交易磋商开始的，没有客户，国际贸易就无从谈起。因此，每笔国际交易总是从寻找客户、建立业务关系开始。与潜在客户建立业务关系后，买卖双方就真正开始交易磋商。通常情况下，买卖双方可以通过面对面进行口头谈判，也可以通过函电往来磋商，但由于地域问题，我们更多地采用函电的方式进行磋商。因此，通过本项目的实践，可以使学生掌握在交易磋商中所涉及的各种函电的书写。

（2）在交易磋商中，我们主要就价格，支付条款，交货时间，包装方式以及运输、保险等条款进行商讨，其中，买卖双方最关心的是价格条款。出口报价需根据出口成本、国际市场行情并结合企业的定价策略等因素综合考虑，从而确定合理的价格。出口商品的国际市场价格千变万化，但是商品的成本是报价的基础，因此，通过本项目的实践，学生就可以掌握在不同贸易术语下同种商品的价格核算方法。

项目 二 签订外销、采购合同

实训目标

1. 通过本环节的实训,学生应了解国际货物买卖合同条款的主要内容,掌握拟订国际货物买卖合同条款时应注意的问题。能熟练应用有关国际贸易惯例独立拟订合同的主要条款

2. 要求学生掌握如何在国内寻找供货商,如何备货,并了解签订采购合同的程序及备货合同的各种条款,能熟练地独立拟订采购合同

业务导入

河南豫达国际贸易有限责任公司收到美国 SUN TRADE CORP.,LTD. 的询盘后,遂向其就所需的网球鞋进行发盘,然后双方经过多轮的磋商,最后就各项交易条件达成一致,于是河南豫达国际贸易有限责任公司起草了国际贸易合同,合同中列明了双方磋商达成的各项条款,签字后寄交给对方会签。

河南豫达国际贸易有限责任公司在收到对方签字的合同后,开始履行合同,首先第一步就是备货,河南豫达国际贸易有限责任公司要在国内寻找供货商,经过多方比对,最后确定向郑州责邦制鞋有限责任公司采购货物,于是双方就交易的各种条件,进行磋商,最后经过多轮协商,双方签订了采购合同。

操作流程

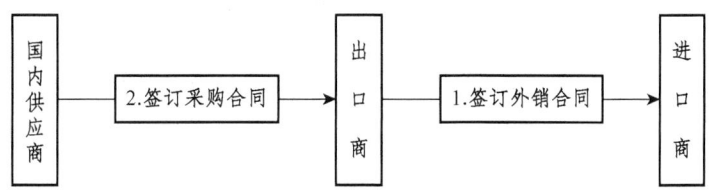

因此按操作程序分解为以下两个任务:
(1) 签订外销合同。
(2) 签订采购合同。

任务一　签订外销合同

一、知识要点

(一) 操作流程
签订外销合同操作流程如图 2-1 所示。

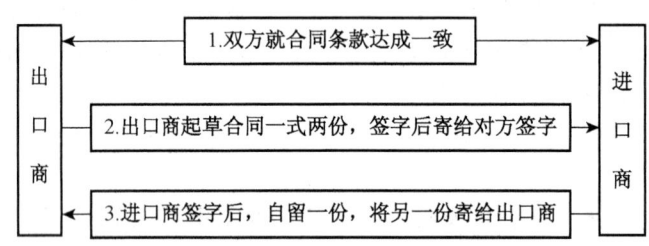

图 2-1　签订外销合同操作流程

(二) 知识要点

在交易磋商中,当一方发盘经另一方有效接受后,交易即告达成,买卖双方就构成了合同关系。为了今后的履约有凭证,双方需要填制书面出口交易合同,以便将各自的权利和义务用规范的合同条款的形式加以明确。合同中一般包括约首、正文、约尾三个部分,每个部分中规定了相应的贸易条款。合同中各栏在填写时应注意以下几个方面的问题。

1. 抬头

合同上方两行空白栏为出口商公司抬头,须分别填写出口商中英文名称及地址。

2. 收货人(Messers)

在此详细列明进口商的中英文名称和地址。在书写进出口商的中英文地址时要注意书写格式,中文地址与英文地址书写格式不同。

3. 合同编号(No.)

合同编号由卖方自行编设,以便存储归档管理之用。

4. 合同签订日期(Date)

此栏填写合同制作日期,日期书写时要注意美式和英式日期表达的区别,英式日期表达习惯用法:日/月/年,美式日期表达习惯用法:月/日/年。

5. 合同签订地点(Place)

此栏填写合同签订的具体地点。如果是传真签订,写明 By Fax。

6. 货号(Art No.)

此栏填写货号,销货合同上应记明各种货物的编号,以便沟通联系。

7. 品名(Commodity & Description)

此栏应详细填写各项商品的英文名称及规格,这是买卖双方进行交易的物质基础和前提。对商品的具体描述是合同的主要条款之一,如果卖方交付的货物不符合合同规定的品名或说明,买方有权拒收货物、撤销合同并提出损害赔偿。

8. 数量（Quantity）

此栏填写交易货物数量，这是买卖双方交接货物及处理数量争议时的依据。不明确卖方应交付多少货物，不仅无法确定买方应该支付多少金额的货款，而且不同的交易量有时也会影响价格以及其他的交易条件。如果货物是散装货，这里需要加上溢短装条款，规定溢短装的范围，选择权的归属以及单价如何确定，例如：more or less 5% at seller's option。

9. 单价（Unit Price）

单价是双方在磋商中确定交易的价格，单价一般包括贸易术语、计价货币与单价金额等内容，填写时请注意：

（1）贸易术语：FOB 后加"启运港"；CFR 和 CIF 后加"目的港"。

（2）计价货币、计价单位与单价金额：依双方约定填写，例如，USD 20.00 per carton CIF Toronto。请注意：这里计价单位应该是销售单位而不是包装单位。通常来说，不同类别的产品，销售单位和包装单位是不同的。

10. 总金额（Amount）

此栏说明币种及各项商品总金额（总金额＝单价×数量）。填写时，此栏应与每一项商品相对应。货物总计，分别填入所有货物累计的总数量和总金额（包括相应的计量单位与币种）。注意，单价不能相加。如果是散装货，由于商品数量允许多装或少装，因此，应对多装或少装时，如何计算总价作出相应的规定。例如：With ____ percent more or less both in the quantity and amount of the S/C allowed, decided by the seller.

总金额填写时，以文字（大写）写出该笔交易的总金额，必须与以阿拉伯数字表示的货物总价的金额一致。

以 USD15 465.23 为例，通常的表示方法如下：

SAY TOTAL US DOLLARS FIFTEEN THOUSAND FOUR HUNDRED AND SIXTY FIVE AND TWENTY THREE CENTS ONLY.

注意：

（1）少数人由于疏忽大意，可能会漏掉某个字母，导致合同金额出问题，或者单证不符而无法议付；

（2）总金额书写时一定要大写；

（3）书写时固定格式：SAY TOTAL US DOLLARS _____ONLY，中间填上需要的金额就可以了；

（4）关于小数点后面金额的表达，可以使用 POINT，也可以直接用美分 CENTS。

11. 包装（Packing）

包装一般包括包装材料、包装方式和每件包装中所含物品的数量或重量等内容，是合同的必要组成部分。例如：Each piece in a polybag, half dozen in a box and 10 dozens in a carton。

12. 运输标志（Shipping Mark）

运输标志也称装运唛头，是指在运输包装外部书写、压印、贴印。刷制的图形、文字、数字制作的特定记号和说明事项，它也是某些装运单证上不可缺少的内容。按其用途可分为运输标志、指示性标志、危险品标志及识别标志等。标志可以是图案、文字或号码等。标志如果没有唛头，应填"No Mark"或"N/M"。

由国际标准化组织和国际货物装卸协会推荐使用的标准运输标志由以下 4 个要素构成：

（1）收货人名称的英文缩写或简称；

（2）参考号，如订单号、运单号、发票号、合同号；

（3）目的地的名称或代号——即货物最终目的地或目的港的名称；

（4）件号、批号——即包装货物的每件货物的顺序号和总件数。

举例如下：

ABCCO 收货人名称；

S/C9750 合同号码；

LONDON 目的港；

No.4—20 件号（顺序号和总件数）。

13. 装运期及运输方式（Time of Shipment & Means of Transportation）

装运期可有多种规定方法，也可以规定具体时段，如5月份或4月底前装船；另外也可以用 L/C 或 S/C 等的开出时间为参照物规定相应的装运期，例如：信用证开出后或到达卖方后30天内装船。规定装运期时，最好不要用具体的某年某月某日来规定装运期，这样缺乏灵活性，很容易造成违约。

注意，如果用后一种规定装运期的方式时，则需相应规定信用证开出或到达的具体时间，而且注意 L/C 的有效期和装运期，防止由于信用证开晚了而导致信用证的"双有效期"（即信用证规定的装运期和信用证议付有效期）失效，从而导致无法安全收汇。

运输方式，即海运，空运，陆运等。

14. 装运港及目的港（Port of Loading & Destination）

（1）装运港（Port of Loading），此处列明装运港，装运港一般由卖方提出，买方同意后确认。卖方应选择离货源地较近的、储运设备较完善的港口，同时要考虑港口的运输条件和运输费用。

对于 FOB 合同，装运港是合同的要件，所以要特别列明装运港，一般情况下只规定一个装运港如：DALIAN,CHINA。但是，如果货源较分散或货物数量较大，需要分批装运时，在买方同意的情况下，可以规定两个或两个以上的装运港。

如果签订合同时，货源不固定，暂时无法确定具体的装运港时，可以不规定具体的装运港，如 shipment from Chinese port。

（2）目的港（Port of Destination），此处列明目的港。目的港一般由买方提出，卖方同意后确认。买方可以根据自己的需要，选择离自己的仓库或销售地较近的，条件较完善的港口。

对于 CIF 合同，目的港为合同要件，所以要特别列明目的港，例如：Osaka,Japan。如果无法确认具体的目的港名称，可以笼统规定，例如，Shipment to EMP（European Main Port）。

注意，不管装运港还是目的港，均必须是港口城市，而不能填写内陆城市（除多式联运）。

（3）另外，如果需要转船或分批装运时，应作相应规定。例如：partial shipment and transshipment not allowed。

15. 保险条款（Insurance）

写明保险条款，在 FOB、CFR 条件下，由买方投保，此栏可写"Insurance effected by buyer"。在 CIF 条件下，由卖方投保，应具体载明投保的险别、保险金额、保单类别、适用条款、索赔地点及币种等事项。

16. 备注（Remarks）

外贸公司多使用格式合同，合同中的很多条款均已印好，但在每笔交易中，难免有需要改动和补充之处，有特殊规定或其他条款可在此栏说明。

17. 签名（Signature）

双方负责人签名盖章。上方空白栏填写公司英文名称，下方则填写公司法人英文名称。

二、操作实例

(一)业务背景资料

河南豫达国际贸易有限责任公司,出售一批网球鞋各 5 000 双给美国 SUN TRADE CORP.,LTD.,请缮制一份合同,具体信息如下。

品名:网球鞋,橡胶底,30%合成革,70%网布。单价:每双 13.33 美元,采用 CIF 贸易术语,目的港是纽瓦克,包装方式是每一纸盒装 1 双,每 20 盒装一纸箱,共装 250 箱,装运日期是收到信用证后 30 天内装运,允许分批装运和转运,装运港是天津,投保一切险和战争险,采用信用证支付方式,议付有效期是装运期后 15 天在中国到期,该信用证中必须注明允许分运及转运。

(二)实例操作

销售合同实例如图 2-2 所示。

HENAN YUDA INTERNATIONAL TRADING CO., LTD.
ZHENGKAI ROAD NO. 6, ZHENGZHOU HENAN CHINA
TEL:86-371-85305222
FAX:86-371-85305221
WEB:www. yuda. com. cn
销售合同
SALES CONTRACT

合同编号:ZK8907-SH685
S/C No:ZK8907-SH685
合同日期:2015 年 3 月 15 日
Date:March 15, 2015
签约地点:郑州
Signed at:ZhengZhou

1. 卖方:
河南豫达国际贸易有限责任公司
The Seller:
HENAN YUDA INTERNATIONAL TRADING CO., LTD.
2. 地址:
中国河南省郑州市郑开大道 6 号
电话:86-371-85305222　传真:86-371-85305221　网址:www. yuda. com. cn
Address:
ZHENGKAI ROAD NO. 6,
ZHENGZHOUHENANCHINA
TEL:86-371-85305222　FAX:86-371-85305221　WEB:www. yuda. com. cn
3. 买方:
SUN TRADE CORP., LTD.
The Buyer:
SUN TRADE CORP., LTD.
4. 地址:
SUN TRADE CORP., LTD.
美国新泽西州纽瓦克弗瑞林汉森大街 922 号
电话:1-973-2421234
Address:
SUN TRADE CORP., LTD.
922 FRELINGHUYSEN AVENUE,NEWARK, NJ, USA.
TEL:1-973-2421234

买卖双方同意按下列条款由卖方出售,买方购进下列货物:

The seller agrees to sell and the buyer agrees to buy the under mentioned goods on the terms and conditions stated below:

商品品名及规格 Name of Commodity & Specification	数量 Quantity	单价 Unit Price	总值 Total Value
Tennis shoes , rubber soles, 30% synthetic leather, 70% careen cloth	5 000 Paris	USD 13. 33 per pair CIF Newark	USD 66 650. 00

5. 包装:每一纸盒装 1 双,每 20 盒装一纸箱,共装 250 箱

Packing: one pair packed to a box, twenty boxes to a carton and a total of 250 cartons

6. 唛头:

SUN
纽瓦克
No. 1-250

Shipping marks:

SUN
Newark
No. 1-250

7. 装运期限:

收到信用证后30 天内装运,允许分批装运和转运。

Time of shipment:

Within thirty days after receipt of L/C allowing transshipment and partial shipments.

8. 装运口岸:天津

Port of loading: Tianjin

9. 目的口岸:纽瓦克

Port of destination: Newark

10. 保险:

由卖方根据中国人民保险公司的《海洋运输货物保险条款》的相关条款,按照发票金额的 110% 投保一切险和战争险。如果买方要求额外险别或增加保险金额,须在装运前取得卖方同意,并且支付额外保费。

Insurance:

To be covered by the sellers for 110% of the invoice value against All Risks and War Risk as per the relevant Ocean Marine Cargo Clauses of the People's Insurance Company of China. If other coverage or an additional insurance amount is required, the buyers must have the consent of the sellers before shipment, and the additional premium is to be borne by the buyers.

11. 付款条件:

买方须于 2015 年 03 月 30 日前将保兑的,不可撤销的,可转让可分割的即期信用证开到卖方。信用证议付有效期延至上列装运期后 15 天在中国到期,该信用证中必须注明允许分运及转运。

Payment:

By confirmed, irrevocable, transferable and divisible L/C to be available by sight draft to reach the sellers before 03/30/2015 and to remain valid for negotiation in china until 15 days after the aforesaid time of shipment. The L/C must specify that transshipment and partial shipments are allowed.

12. 检验条款：

双方同意以中国国家质量监督检验检疫总局在装运港签发的品质检验证书作为交货的依据。

Inspection：

It is mutually agreed that the Certificate of Quality issued by the State General Administration for Quality Supervision and Inspection and Quarantine of P. R. China at the port of shipment shall be taken as the basis of delivery.

13. 异议和索赔：

买方对货物的任何索赔应于货物抵达目的港后 30 天之内提出，并提供由卖方认可的检验检疫机构出具的检验报告。对于应由保险公司或轮船公司负责的索赔，卖方将不予考虑和受理。

Discrepancy and Claim：

Any claim by the buyers on the goods shipped shall be filed within 30 days after the arrival of the goods at the port of destination and supported by a survey report issued by a surveyor approved by the sellers. Claims in respect to matters within the responsibility of the insurance company or of the shipping company will not be considered or entertained by the sellers.

14. 人力不可抗拒因素：

由于水灾、火灾、地震、干旱、战争或协议一方无法预见、控制、避免和克服的其他事件而导致不能或暂时不能全部或部分履行本协议，该方不负责任。但是，受不可抗力事件影响的一方须尽快将发生的事件通知另一方，并在不可抗力事件发生 15 天内将有关机构出具的不可抗力事件的证明寄交对方。

Force Majeure：

Either party shall not be held responsible for failure or delay to perform all or any part of this agreement due to flood, fire, earthquake, draught, war or any other events which could not be predicted, controlled, avoided or overcome by the relative party. However, the party affected by the event of force majeure shall inform the other party of its occurrence in writing as soon as possible and thereafter send a certificate of the event issued by the relevant authorities to the other party within 15 days after its occurrence.

15. 仲裁：

在履行协议过程中，如产生争议，双方应友好协商解决。若通过友好协商未能达成协议，则提交中国国际贸易促进委员会对外贸易仲裁委员会，根据该会仲裁程序暂行规定进行仲裁。该委员会决定是终局的，对双方均有约束力。仲裁费用，除另有规定外，由败诉一方负担。

Arbitration：

All disputes arising from the execution of this agreement shall be settled through friendly consultations. In case no settlement can be reached, the case in dispute shall then be submitted to the foreign trade arbitration commission of the China Council for the Promotion of International Trade for arbitration in accordance with its provisional rules of procedure. The decision made by this commission shall be regarded as final and binding upon both parties. Arbitration fees shall be borne by the losing party, unless otherwise awarded.

16. 其他条款：

Other Terms：

17. 本合同为中英文两种文本，两种文本具有同等效力。本合同一式两份。自双方签字（盖章）之日起生效。

This contract is executed in two counterparts each in Chinese and English, each of which shall be deemed equally authentic. This contract is in <u>two</u> copies effective since being signed/sealed by both parties.

卖方签字：	买方签字：
The Seller：	The Buyer：
河南豫达国际贸易有限责任公司	SUN TRADE CORP., LTD.
HENAN YUDA INTERNATIONAL TRADING	922 FRELINGHUYSEN AVENUE,
CO., LTD.	NEWARK, NJ, USA
ZHENGKAI ROAD NO. 6,	
ZHENGZHOU HENAN CHINA	
Li Da	Johnson Green

图 2-2　销售合同

三、实训操作练习

(一) 业务背景

2015 年"广交会"上,郑州凡科进出口公司出口部经理李林先生接待前来洽谈生意的法国 ADD CO., LTD 公司的 John Green, John 先生对郑州凡科进出口公司的纺织品很感兴趣,经过初步洽谈,双方表示愿意建立贸易关系。"广交会"后,李林先生向 John 先生发去了 E-mail,详细介绍了公司的情况。

6 月 19 日,John 先生向李林发出询盘,有意购买货号为 2306 和 2307 的钩针地毯,要求郑州凡科进出口公司报出该产品的 CIF MARSEILL 价格。

李林收到对方的询盘后,对相应的产品进行价格核算,然后向对方发盘,对方收到发盘后,要求降价 10%,李林表示只愿意降价 5%,最后 John 先生接受对方报价,双方于 2015 年 7 月 10 日正式签订了书面合同。

(二) 业务资料

(1) 买方:法国 ADD 有限责任公司

ADD CO., LTD.

ADDRESS:130 LE BUROPOLE AVENUE, MARSEILL FRANCE

TEL:33-4-91123456

(2) 卖方:郑州凡科进出口公司

ZHENGZHOU FANKE IMP. & EXP. CORPORATION

ADDRESS:230 NANJING ROAD, ZHENGZHOU, CHINA

TEL:0371-64507896

E-MAIL:textile@hteod.com

(3) 合同编号:04K1234;合同签订日期:2015 年 7 月 10 日。

(4) 品名及价格(见表 2-1):

表 2-1　品 名 及 价 格

品　　名	货　　号	规　格	单　　价	数量
钩针地毯	Art No. 2306	$2 \times 3'$	USD 15.10 per pc CIF MARSEILL	1 000 pcs
钩针地毯	Art No. 2307	$3 \times 5'$	USD 18.20 per pc CIF MARSEILL	2 000 pcs

(5) 唛头:卖方自制。

(6) 保险:由卖方根据中国人民保险公司《海洋运输货物保险条款》的相关条款,按照发票金额的 110% 投保一切险和战争险。如果买方要求额外险别或增加保险金额,须在装运前取得卖方同意,并且支付额外保费。

(7) 运输方式:海运,装运港:上海,目的港:MARSEILL,装运日期:9 月装船,不允许分批装运和转船。

(8) 包装:纸箱装,Art No. 2306 每箱装 20 条,Art No. 2307 每箱装 10 条。

(9) 支付方式:不可撤销的即期信用证,8 月 1 日前收到信用证,信用证有效期是装船后 10 天内议付有效。

(10) 检验检疫:以中国国家质量监督检验检疫总局在装运港签发的品质和重量检验证书作为交货的依据。

(三) 实训要求

根据上面的材料,能够准确地起草国际贸易销售合同。

国际贸易销售合同样本
销售合同
SALES CONTRACT

合同编号：

S/C No：

合同日期：

Date：

签约地点：

Signed at：

1. 卖方：

Seller：

2. 地址：

Address：

3. 买方：

Buyer：

4. 地址：

Address：

买卖双方同意按下列条款由卖方出售，买方购进下列货物：

The seller agrees to sell and the buyer agrees to buy the under mentioned goods on the term sand conditions stated below：

5. 货号：

Article No.：

6. 品名及规格：

Description & specification：

7. 数量：

Quantity：

8. 单价：

Unit price：

9. 总值：

Total amount：

10. 生产国和制造厂家：

Country of origin and manufacturer：

11. 包装：

Packing：

12. 唛头：

Shipping marks：

13. 装运期限：

Time of shipment：

14. 装运口岸：

Port of loading：

15. 目的口岸：

Port of destination：

16. 保险：

Insurance：

17. 付款条件：

Payment：

18. 检验条款：

Inspection：

19. 异议和索赔：

买方对货物的任何索赔应于货物抵达目的港后 30 天之内提出，并提供由卖方认可的检验检疫机构出具的检验报告。对于应由保险公司或轮船公司负责的索赔，卖方将不予考虑和受理。

Discrepancy and Claim：

Any claim by the buyers on the goods shipped shall be filed within 30 days after the arrival of the goods at the port of destination and supported by a survey report issued by a surveyor approved by the sellers. Claims in respect to matters within the responsibility of the insurance company or of the shipping company will not be considered or entertained by the sellers.

20. 人力不可抗拒因素：

由于水灾、火灾、地震、干旱、战争或协议一方无法预见、控制、避免和克服的其他事件导致不能或暂时不能全部或部分履行本协议，该方不负责任。但是，受不可抗力事件影响的一方须尽快将发生的事件通知另一方，并在不可抗力事件发生 15 天内将有关机构出具的不可抗力事件的证明寄交对方。

Force Majeure：

Either party shall not be held responsible for failure or delay to perform all or any part of this agreement due to flood, fire, earthquake, draught, war or any other events which could not be predicted, controlled, avoided or overcome by the relative party. However, the party affected by the event of force majeure shall inform the other party of its occurrence in writing as soon as possible and there after send a certificate of the event issued by the relevant authorities to the other party within 15 days after its occurrence.

21. 仲裁：

在协议履行过程中，如产生争议，双方应友好协商解决。若通过友好协商未能达成协议，则提交中国国际贸易促进委员会对外贸易仲裁委员会，根据该会仲裁程序暂行规定进行仲裁。该委员会决定是终局的，对双方均有约束力。仲裁费用，除另有规定外，由败诉一方负担。

Arbitration：

All disputes arising from the execution of this agreement shall be settled through friendly consultations. In case no settlement can be reached, the case in dispute shall then be submitted to the foreign trade arbitration commission of the China Council for the Promotion of International Trade for arbitration in accordance with its provisional rules of procedure. The decision made by this commission shall be regarded as final and binding upon both parties. Arbitration fees shall be borne by the losing party, unless otherwise awarded.

22. 其他条款：

Other Terms：

23. 本合同为中英文两种文本,两种文本具有同等效力。本合同一式____份。自双方签字(盖章)之日起生效。

This contract is executed in two counterparts each in Chinese and English, each of which shall be deemed equally authentic. This contract is in ____ copies effective since being signed/sealed by both parties.

卖方签字:　　　　　　　　　　　　　　　　　　买方签字:

The Seller:　　　　　　　　　　　　　　　　　　The Buyer:

(四)评价方法

熟练掌握国际贸易合同中的各个条款的构成及注意事项,并可以独立地、正确地缮制合同。

任务二　签订采购合同

一、知识要点

(一)操作流程

签订采购合同流程如图 2-3 所示。

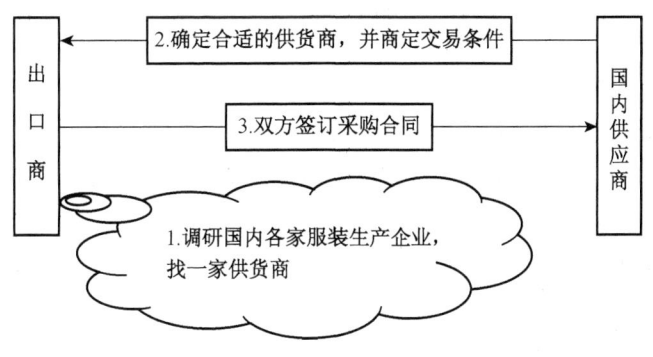

图 2-3　签订采购合同流程

(二)知识要点

在国际贸易中,买卖双方签订合同后,卖方应立即组织货源。通常分为两种情况:一种是生产型出口企业根据出口合同/信用证的规定,向生产、加工及仓储部门下达联系单,要求有关部分按联系单的要求,按时、按质、按量地准备好应交的货物,并做好申请报验和领证工作。另一种是外贸公司向与其合作的工厂签订购销合同,工厂依据购销合同对应交的货物进行生产加工、整理清点、刷制运输标志以及办理商检和领证等项工作。同时,外贸公司的业务员或跟单人员应做到跟单及时、仔细、深入。

采购合同为供需双方相互约束的法律依据。在与工厂签订购销合同时,尽量不要使用他人提供的合同文本,特别是格式文本,建议根据自己的需求拟订合同文本,以防止掉入对方在合同中设置的法律陷阱。自拟合同文本,也更有利于合同条款的协商修改。

缮制采购合同的主要规范如下。

1. 产品名称、商标、规格型号、生产厂家、计量单位、数量、单价、金额、交货时间

名称要正确填写,不要写习惯名或自命名。凡使用品牌、商标产品,应特别注明品牌、商

标和生产厂家。规格型号、产品数量和计量单位,按双方商定的计量方法来确定。单价、金额,一般由双方协商确定。双方在合同中明确约定交货期限,一般来讲,确定交货期限,可以按照以下方法,如果是自己提货,以通知提货方可以提货的日期为准,如果是代办托运的,以货交承运人为交货日期,如果供货商送货上门的方式,则以货物送达目的地为准。也可以约定分批交货。

2. 质量技术标准、供方对质量负责的条件和期限

质量技术标准有国家标准(GB)、部颁标准、企业标准(QB)。如果要填写,须有标准代号、编号和标准名称。如果对于特定产品,或对产品质量有特殊要求的,必须具体约定为哪个标准,或商定的条件、样品、补充技术要求。在实际业务中,产品质量应严格按照出口方的要求或者与打样一致。

采购合同中应约定供货方对其所提供产品的质量保证期限,在保质期内,发现质量问题,应承担违约责任。但应同时约定,排除采购方的因非正常使用所导致的质量问题。

3. 交(提)货地点、运输方式及费用

交货地点,作为合同履行地,它涉及合同纠纷的司法管辖权。当约定的交货地点与实际交货地点不一致时,以实际交货地为合同履行地。如果双方约定了合同履行地点,则货物到达地、到站地、验收地、安装调试地等,均不应视为合同履行地。

交货方式有工厂交货(提货)、目的站港交货(送货)、货交承运人(代办运输)等等。一般情况下,由供货方交货至购货方指定的仓库,费用由供货方负担。进仓前务必书面通知准确的包装明细单。

4. 包装要求及费用、包装物的供应和回收

合同中约定包装要求及费用,并确定费用由谁来承担。

包装物供应,除国家规定由需方供应的以外,应由供货方提供,也可在合同中约定。例如,牛皮纸包装、金属包装、塑料包装、玻璃包装等。

产品的标签、说明书、质保书等一般应由供货方按照中性包装提供,并由购货方确认。费用由供货方负担。对于购货方提供的包装及其资料,供货方不得提供给任何其他单位和个人,否则,由此引起的一切后果由供货方负责。

包装物回收,由合同约定,并约定回收费用。例如,油桶、氧气瓶等。

5. 验收的标准、方法和提出异议的期限

在实际业务中,供货方所交付的成品必须经购货方或商品检验检疫机构验收合格后方可进仓。检验及验收可通过全面检验、抽样检验、理论计算、实际过磅等手段来进行。如果产品属于法定商检之列,按供需双方在合同中约定的情况办理,比如"供货方须在进仓前三天提供商检放行单或换证凭单至购货方所在办公地点。"

提出异议的期限:在约定检验期间的,需方应在约定期间内将验收数量或质量不合格的情形通知供货方,怠于通知的,视为数量或质量合格。书面通知中,建议明确供货方的回复时间,否则视为默认需方提出的异议和处理意见。

6. 结算方式及期限

在我国出口贸易中,对已征收增值税的货物,国家给予出口退税补贴政策。所以在实际业务中,供需双方的结算方式一般凭 100% 增值税发票付款。而结算期限一般有预付款、货到付款、分期付款等形式。

7. 违约责任

供货方应按合同规定,按时、按质、按量交货,如果因供货方交付的成品货物不符合合同要求,

或产品性能存在缺陷,引起退货、索赔造成的损失和相关费用,由供货方承担。

8. 不可抗力

一般情况下,如果供需双方由于人力不可抗拒或非企业自身造成的原因导致合同不能履行,经双方协商和鉴定机关查实,可免于承担经济责任。

9. 合同送达方式、合同份数

在实际业务中,一般是由购货方将缮制并签字盖章的购销合同,用传真的方式送达供货方,再由供货方确定签字盖章回传给购货方,合同即告生效。

合同份数、生效条件:对于几式几份签字盖章生效或附条件生效等情况,各公司的习惯做法不一。

10. 落款

初次订立合同需注明单位全称、详细地址、邮政编号、法定代表人、代理人、联系电话、开户银行、账号、合同签订日期等。以后因业务需要签订的购销合同,一般情况下,只需供需双方签章并填写签订日期。

二、操作实例

(一) 业务背景资料

河南豫达国际贸易有限责任公司签订了外销合同后,开始在国内寻找供货商,经过市场调研,找到了郑州责邦制鞋有限责任公司采购网球鞋 5 000 双,河南豫达国际贸易有限责任公司按照出口合同中的相关约定,于 2015 年 4 月 1 日与国内供货商郑州责邦制鞋有限责任公司签订购货合同,并要求供货商及时生产,以免耽误交货。

提示:

合同签订时间:2015 年 4 月 1 日

合同签订地点:郑州

交货时间:2015 年 4 月 20 日前

交货地点:郑州仓库

质量标准:按双方确认的样品

结算方式、时间、地点:收货当日,检验完毕后,入郑州仓库。

(二) 实例操作

河南豫达国际贸易有限责任公司
购销合同

供货方:郑州责邦制鞋有限责任公司　　　　　　　　　　合同编号:AK1234

地址:河南省郑州市经济开发区 99 号　　　　　　　　　　签订日期:2015.04.01

联系人:李伟

电话:86-371-66123457

一、品名、规格、数量及金额(见表 2-2)

表 2-2　品名、规格、数量及金额详情

产品描述	总数量(双)	包装(箱)	单价	总金额
网球鞋,橡胶底,30%合成革,70%网布	5 000	250 箱	50 元/双	250 000 元

二、产品质量必须按照我公司的要求与打样一致

三、交货日期

2015年4月20日前将货送至买方指定的仓库。

四、交货地点、方式、运输方式及费用

供货方交货至购货方指定的仓库,费用由供货方负担。进仓前务必书面提供准确的包装明细单。

五、包装要求及费用

标签、包装袋、说明书等由供货方按照中性包装提供,并由购货方确认。费用由供货方负担。对于购货方提供的包装及其资料,供货方不得提供给任何其他单位和个人,否则由此引起的一切后果由供货方负责。

六、唛头

无。

七、质量检验及验收方法

(1)供货方所交付的成品必须由购货方或商品检验机构验收合格方可进仓。

(2)如果产品属法定商检之列,则供货方须在进仓前三天提供商检放行单或换证凭证单至购货方所在办公地点。

八、结算方式及期限

100%凭增值税发票付款。

九、违约责任

供方应按合同规定,按时、按质、按量交货,如果因供货方交付的成品货物不符合合同要求,或产品性能存在缺陷,引起退货以及索赔造成的损失和相关费用,由供货方承担。购货方逾期付款的,应按照每日千分之五的比例向供货方偿付逾期付款的违约金。购货方违反合同规定拒绝接货的,应当承担由此对供货方造成的损失。

十、不可抗力

如果供需双方由于不可抗力原因不能履行合同时,应及时向对方通报不能履行或不能完全履行的理由,以减轻可能给对方造成的损失,在取得有关机构证明后,允许延期履行、部分履行或不履行合同,并根据情况可部分或全部免予承担违约责任。

十一、争议的解决

(一)因货物的质量问题发生争议,由法律及有关规章规定的技术单位进行质量鉴定,双方无条件服从该鉴定的结论。

(二)执行本合同发生纠纷,当事人双方应当及时协商解决,协商不成时,任何一方均可向合同签订地人民法院提起诉讼。

十二、其他未尽事宜,双方协商或另订协议解决。

采购单位(甲方):	供货单位(乙方):
河南豫达国际贸易有限责任公司	郑州责邦制鞋有限责任公司
法定代表人:李达	法定代表人:李伟
委托代理人:张三	委托代理人:王四
开户银行:中国银行郑州分行	开户银行:中国银行郑州分行
账号:123456789987456	账号:98745632151245
电话:86-371-66123457	电话:86-371-85305222
签约地址:郑州	

三、实训操作练习

(一) 业务背景

郑州凡科进出口公司与美国某公司签订了出口合同,出口一批男式衬衫,由于郑州凡科进出口公司没有自己的生产实体,因此,它需要寻找一家企业帮其代加工。

(二) 业务资料

甲方:郑州凡科进出口公司

郑州市南京路 230 号

TEL:0371-64507896

乙方:苏州晨光制衣厂

苏州工业园区 5698 号

TEL:0512-12345789

合同编号:GH78900

合同日期:2015 年 6 月 20 日

品名:男式衬衫,货号 13(蓝色),货号 25(白色)

数量:货号 13:2 000 件,货号 25:2 000 件

包装:每 20 件装一纸箱

单价:每件 50 元

交货日期:2015 年 7 月 20 日交至甲方指定的仓库,运费由乙方支付

付款方式:交货后 1 个月凭增值税专用发票付款

不合格产品处理:另议

(三) 实训要求

请以郑州凡科进出口公司业务员的名义,根据上面的资料,拟订一份采购合同,要求内容正确,并要签署。

郑州凡科进出口公司
购销合同

供货方:苏州晨光制衣厂   合同编号:AK1234

地址:苏州工业园区 5698 号   签订日期:2015.3.30

联系人:王二

电话:0512-12345789

一、品名、规格、数量、金额(见表 2-3)

表 2-3 品名、规格、数量及金额详情

产品描述	总数量(件)	包装(打)	单 价	总金额
合计				

二、产品质量

三、交货日期

四、交货地点、方式、运输方式及费用

五、包装要求及费用

六、唛头

七、质量检验及验收方法

（1）供货方所交付的成品必须由购货方或商品检验机构验收合格方可进仓。

（2）如果产品属法定商检之列，则供货方须在进仓前三天提供商检放行单或换证凭证单至购货方所在办公地点。

八、结算方式及期限

九、违约责任

供方应按合同规定，按时、按质、按量交货，如果因供货方交付的成品货物不符合合同要求，或产品性能存在缺陷，引起退货及索赔造成的损失和相关费用，由供货方承担。购货方逾期付款的，应按照每日千分之五的比例向供货方偿付逾期付款的违约金。购货方违反合同规定拒绝接货的，应当承担由此对供货方造成的损失。

十、不可抗力

如果供需双方由于不可抗力原因不能履行合同时，应及时向对方通报不能履行或不能完全履行的理由，以减轻可能给对方造成的损失，在取得有关机构证明后，允许延期履行、部分履行或不履行合同，并根据情况可部分或全部免予承担违约责任。

十一、争议的解决

（1）因货物的质量问题发生争议，由法律及有关规章规定的技术单位进行质量鉴定，双方无条件服从该鉴定的结论。

（2）执行本合同发生纠纷，当事人双方应当及时协商解决，协商不成时，任何一方均可向合同签订地人民法院提起诉讼。

十二、其他未尽事宜，双方协商或另订协议解决。

采购单位（甲方）：	供货单位（乙方）：
法定代表人：	法定代表人：
委托代理人：	委托代理人：
开户银行：中国银行	开户银行：中国银行
账号：234567899874561	账号：198745632151245
电话：	电话：

（四）评价方法

熟悉采购合同的内容和法律意义，正确制定采购合同，内容完整，格式符合要求。

项 目 小 结

（1）经过交易磋商，买卖双方在各种交易条件上达成一致，并通过签署书面合同或口头合同的形式确定合同关系。合同是约束双方的法律文件，因此，在订立合同时应认真核对各项条款。

（2）签订外销合同后，出口商需根据合同的要求进行备货，需按时、按质、按量交付货物。出口商可以自行组织生产，也可以在国内寻求供应商委托生产。当选择后者时，出口商则需与国内供应商签订购货合同，我们习惯称为内销合同。内销合同与外销合同相似，均是约束合同双方的法律文件，因此，需认真填写合同中的各项条款。

项目 三 落实信用证

实训目标

1. 能够熟练进行信用证审证
2. 掌握信用证改证流程
3. 能够撰写改证函

业务导入

河南豫达国际贸易有限责任公司与 SUN TRADE CORP. , LTD. 订立贸易合同后,SUN TRADE CORP. , LTD. 通过银行向河南豫达国际贸易有限责任公司开来信用证,河南豫达国际贸易有限责任公司收到信用证后对信用证进行审核,如信用证审核有问题,需要对信用证进行修改。

操作流程

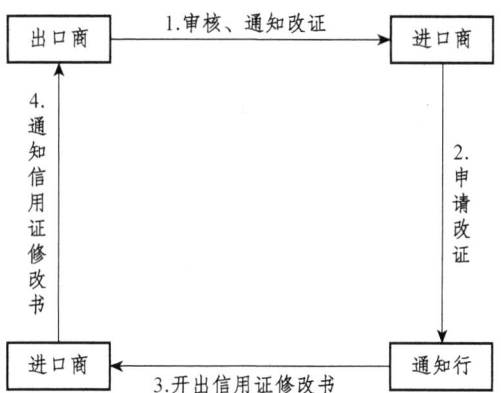

因此,本项目主要有一个任务,即审核并修改信用证。

任务一　审核并修改信用证

一、知识要点

信用证的全称为跟单信用证,是银行代表进口商开立的承诺有条件付款的书面文件,是国际贸易活动中最常见的结算方式。按照这种结算方式的一般规定,买方向银行申请开信用证,由银行开立信用证,并通知异地出口商开户银行转告卖方,卖方按合同和信用证规定的条款发货,银行代买方付款。

(一) 信用证的主要内容

(1) 信用证本身:种类、号码、开证日期、总金额、有效期、到期地点、开证行、通知行、申请人、受益人等。

(2) 汇票:出票人、付款人、付款期限、出票条款。

(3) 运输:装运港、目的港、最迟装运日期、分批、转船。

(4) 货物:品名、规格、数量、单价等。

(5) 单据:发票、装箱单、提单、保险单、产地证、其他单据。

(二) 信用证的使用流程

信用证的使用流程如图 3-1 所示,主要涉及四个当事人:开证申请人(进口商)、受益人(出口商)、开证行和通知行。

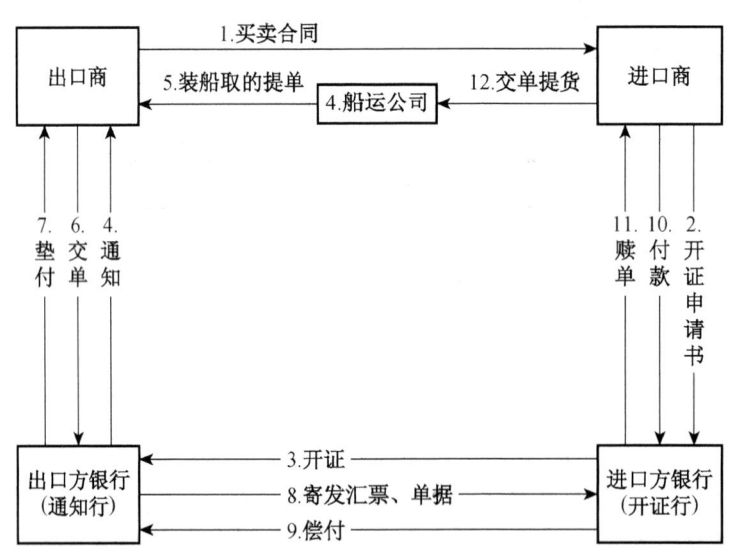

图 3-1　信用证使用流程

(三) 催证

采用信用证支付方式的合同,进口商应按合同规定的信用证开立日期开出信用证,这是进口商的基本义务。实际业务中,若进口商遇到市场变化或资金短缺等情况,未能及时开出信用证,出口商可催促进口商尽快开立信用证,必要时可请有关银行、金融机构协助催证。

(四) 审核信用证

1. 审证依据

通知行和受益人都应对信用证进行审核,但侧重点不同。通知行依据国内相关政策、规定和UCP 600(跟单信用证统一惯例)对信用证进行审核。受益人则依据合同,重点对信用证内容是否与合同相符进行审核。

2. 审证要点

(1) 关于"信用证本身项目"的审核:①种类:信用证是否是不可撤销的。未注明是否可撤销的,视为不可撤销。②总金额:金额大、小写是否一致;币制是否与合同一致;金额是否与合同一致。③有效期、到期地点:信用证是否有有效期限;有效期与开证期、装运期和交单期是否矛盾;到期地点是否为受益人所在国/地区。④申请人、受益人:是否为合同中的买、卖方,名称及地址的拼写是否有错误。

(2) 关于汇票的审核:针对汇票,主要应审核汇票的付款人是否为开证行;汇票的付款期限是否与合同相符;汇票的金额是否超出信用证金额;汇票币制是否与合同一致等。

(3) 关于运输的审核:关于运输的审核主要包括装运港、目的港是否与合同规定相符,是否与贸易术语相矛盾;最迟装运日期是否与合同规定相符;分批、转船的规定是否与合同相符;如果规定不允许分批或转船,是否能做到。

(4) 关于货物描述的审核:关于货物的描述主要包括货物品名、规格、数量、单价等是否与合同相符;是否有溢短装的规定;溢短装是否同时对数量和金额加以规定。

(5) 关于单据的审核:①发票是否要领事签证。②提单抬头与背书是否矛盾;提单上运费支付方式与成交条件是否矛盾;运输工具是否要求船名、船籍;提单是否直接寄开证申请人。③保险单的出具是否与成交条件矛盾;投保加成是否符合国际惯例;投保险别是否与合同一致,是否合理;保险单种类是否正确。④产地证、其他单据出具机构是否正确。

(6) 对"软条款"的审核:软条款是对信用证中的一类特殊条款的统称。这些条款灵活性很大,足以改变信用证的性质。它的根本特征在于赋予了申请人或开证行单方面撤销付款责任的主动权,其实质就是变相的可撤销信用证。常见的软条款类型有:①变相可撤销条款;②开证申请人说了算的条款;③有条件付款条款;④暂不生效条款。

(五) 修改信用证

1. 信用证修改规则

信用证的修改规则如下:

(1) 信用证修改应尽量一次完成,避免多次修改;

(2) 不可撤销信用证的修改必须被各有关当事人全部同意后,方能有效;

(3) 开证行发出信用证修改通知书即受修改书的约束,且不得撤回;

(4) 保兑行有权对信用证修改不保兑,保兑行不加保兑不影响该修改的成立;

(5) 部分接受修改是不允许的;

(6) 受益人应对修改发出接受或拒绝的通知。

2. 信用证修改程序

不论修改出自何方,一律都要求按照信用证原来的途径传递。具体程序如下:

(1) 开证申请人向开证行提交修改申请书,并注明信用证号码和修改次数;

(2) 开证行对信用证修改申请书进行审核,向原通知行开出修改书;

(3) 通知行向受益人通知修改书;

(4) 受益人对修改书表示接受或拒绝。

3. 改证函的缮制

改证函是受益人审核信用证后,发现信用证中有与合同或贸易要求不相符的问题,向开证申请人要求其通过开证行对信用证进行修改的信函。改证函应包含下列内容:

(1) 感谢对方开来信用证;

(2) 逐项列明不符点并说明应如何修改;

(3) 对合作表示感谢并希望信用证修改书能早日到达。

二、操作实例

(一) 业务背景资料

河南豫达国际贸易有限责任公司与美国 SUN TRADE CORP.,LTD. 签订了出口女式 T 袖衫和男式 T 袖衫的外销合同。美国 SUN TRADE CORP.,LTD. 在合同规定的开证时间内通过银行开出信用证,如图 3-2 所示。

```
BASIC HEADER F 01BKCHCNBJAXXX0205090946
APPLICATION HEADER    0705172591114MIDLGB22BXXXD146251 5499111151037N
                                  * CITIBANK, NEWARK
MT700 ; ISSUE OF DOCUMENTARY CREDIT
SEQUENCE OF TOTAL          * 27 ; 1/1
FORM OF DOC. CREDIT        * 40A; IRREVOCABLE
DOC. CREDIT NUMBER         * 20 ; 0068LC135256
DATE OF ISSUE              31C ; 150328
APPLICABLE RULE            * 40E ; UCP LATEST VERSION
DATE AND PLACE OF EXP.     * 31D ; DATE 150515 PLACEUSA
APPLICANT                  * 50 ; SUN TRADE CORP. , LTD.
                                 922 FRELINGHUYSEN AVENUE,
                                 NEWARK, NJ, USA
BENEFICIARY                * 59 ; HENAN YUDA INTERNATIONAL TRADING CO. ,LTD.
                                 ZHENGKAI ROAD NO. 6,
                                 ZHENGZHOU, HENAN, CHINA
AMOUNT                     * 32B ; CURRENCY USD AMOUNT66000
AVAILABLE WITH/BY...       * 41D ; ADVISING BANK BY NEGOTIATION
DRAFT AT                   42C ; SIGTH
DRAWEE                     42A ; CITIBANK,NEWARK
PARTIAL SHIPMENTS          43P ; ALLOWED
TRANSSHIPMENT              43T ; PROHIBITED
PORT OF LOADING            44E ; TIANJIN, CHINA
PORT OF DISCHARGE          44F ; NEWARK, USA
LATEST DATE OF SHIPMENT    44C ;150430
GOODS DESCRIPT.            45A ; TENNIS SHOES,RUBBER SOLES,
                                 30%  SYNTHETIC  LEATHER,  70%  CAREEN  CLOTH,
                                 5000 PAIRS
                                 AS PER S/C NO.  ZK8807-SH685
DOCUMENTS REQUIRED         46A ;
+ SIGNED COMMERCIAL INVOICE, 1 ORIGINAL AND 3 COPIES INDICATING THE ORIGIN OF THE
GOODS.
+ PACKING LIST, 1 ORIGINAL AND 5 COPIES.
+ FULL SET OF CLEAN ON BOARD OCEAN BILL OF LADING, MADE OUT TO THE ORDER OF SHIP-
```

PER AND MAKED "FREIGHT PREPAID" NOTIFY APPLICANT.

GOODS DESCRIPT. INSURANCE POLICY OR CERTIFICATE IN DUPLICATE BLANK ENDORSED FOR 110 PERCENT OF THE INVOICE VALUE COVERING ALL RISKS.

+CERTIFICATE OF ORIGIN, CERTIFYING GOOD OF ORIGIN INCHINA, ISSUED BY COMPETENT AUTHORITIES

ADDITIONAL CONDITIONS　　　　47A：ALL DOCUMENTS MUST INDICATE THIS CREDIT NUMBER.

CHARGES　　　　　　　　　　71B：ALL BANKING CHARGES OUTSIDE USA ARE FOR ACCOUNT OF BENEFICIARY.

CONFIRMATION　　　　　　　＊49：WITHOUT

PERIOD FOR PRESENTATION　　48：DOCUMENTS TO BE PRESENTED WITHIN 2 DAYS AFTER THE DATE OF SHIPMENT BUT WITHIN THE VALIDITY OF THE CREDIT.

图 3-2　信用证

(二) 实例操作

1. 审核信用证

河南豫达贸易有限责任公司按出口合同的条款,审核美国 SUN TRADE CORP.，LTD. 通过银行开出的信用证,在表 3-1 中作出审核结果。

表 3-1　信用证审核结果

信用证号	09/0501-FCT
合同号	SHDS09027
审证结果	1. 31D DATE AND PLACE OF EXPIRY. 到期地点与合同规定不符,应改为在中国到期。 2. 32B CURRENCY CODE AMOUNT. 信用证金额与合同不符,应为 66 500 美元。 3. 43T TRANSSHIPMENT. 是否允许转运与合同规定不符,应为允许。 4. 44F PORT OF LOADING. 装运港与合同规定不符,应为天津。 5. 45A AS PER S/C NO. ZK8807-SH685. 销售合同号码与销售合同不符,应为 ZK8907-SH685。 6. 46A INSURANCE POLICY OR CERTIFICATE IN DUPLICATE BLANK ENDORSED FOR 110 PERCENT OF THE INVOICE VALUE COVERING ALL RISKS. 投保险别与合同要求不符,应为投保一切险和战争险。 7. 48 PERIOD FOR PRESENTATION：DOCUMENTS TO BE PRESENTED WITHIN 2 DAYS AFTER THE DATE OF SHIPMENT. 交单日期与合同规定不符,应为提单日后 15 天内。

2. 撰写信用证修改函

河南豫达贸易有限责任公司根据审核信用证后发现的不符点,撰写信用证修改函,要求进口商修改信用证。

信用证修改函:

河南豫达国际贸易有限责任公司

HENAN YUDA INTERNATIONAL TRADING CO.，LTD.

ZHENGKAI ROAD NO. 6，ZHENGZHOU HENAN CHINA

TO：SUN TRADE CORP.，LTD.

　922 FRELINGHUYSEN AVENUE, NEWARK, NJ

Dear Sirs,

　We are very glad to receive your L/C No. 001-10397-2013 issued by CITIBANK, NWEW-

ARK dated Mar. 28, 20××. However, we are quite sorry to find that it contains some discrepancies with the S/C No. ZK8907-SH685. We request you to amend as follows:.

1. 31D DATE AND PLACE OF EXPIRY. The place of expiry should be CHINA, instead of USA.

2. 32B CURRENCY CODE AMOUNT. The amount should be 66500 as contracted, instead of 66000.

3. 43T TRANSSHIPMENT. The transshipment should be allowed as contracted, instead of prohibited.

4. 44F PORT OF LOADING. The port of loading should be TIANJIN, instead of NANJING.

5. 45A AS PER S/C NO. ZK8807-SH685. The S/C NO. should be ZK8907-SH685, instead of ZK8807-SH685.

6. 46A INSURANCE POLICY OR CERTIFICATE IN DUPLICATE BLANK ENDORSED FOR 110 PERCENT OF THE INVOICE VALUE COVERING ALL RISKS. The covering risks should be All Risks and War Risk, instead of All Risks.

7. 48 PERIOD FOR PRESENTATION:DOCUMENTS TO BE PRESENTED WITHIN 2 DAYS AFTER THE DATE OF SHIPMENT. The period for presentation should be 15 days after the date of shipment, instead of 2 days.

Please let us have your L/C amendment soon so that we may effect shipment within the contracted delivery time.

Thank you for your cooperation.

Yours faithfully,

HENAN YUDA INTERNATIONAL TRADING CO. ,LTD.

Li Da

三、实训操作练习

(一) 业务背景

郑州凡科进出口公司与加拿大 NG 公司达成一笔国际货物销售合同,合同编号为 SHDS09026,合同要求双方采用不可撤销信用证的方式结算货款。2015 年 4 月 8 日,郑州凡科进出口公司收到加拿大 NG 公司通过加拿大皇家银行开来的编号为 15/0601-FCT 的信开本信用证。

(二) 业务资料

资料一:合同

销售合同
SALES CONTRACT

卖方 ZHENGZHOU FANKE IMP.	
& EXP. CORPORATION	编号 NO. :SHDS15026
SELLER:230 NANJING ROAD,	
ZHENGZHOU, CHINA	日期 DATE:APR. 03, 2015
	地点 SIGNED IN:SHANGHAI
买方 NG GENERAL TRADING CO.	
BUYER:♯362 JALAN STREET, TORONTO, CANADA	

买卖双方同意以下条款达成交易(见表3-2)：

This contract is made by and agreed between the buyer and seller, in accordance with the terms and conditions stipulated below.

表 3-2 条款内容

1. 品名及规格 Commodity & Specification	2. 数量 Quantity	3. 单价及价格条款 Unit Price & Trade Terms	4. 金额 Amount
			CIFC5 TORONTO
CHINESE CERAMIC DINNERWARE DS1511　30-Piece Dinnerware and Tea Set DS2201　20-Piece Dinnerware Set DS4504　45-Piece Dinnerware Set DS5120　95-Piece Dinnerware Set	542 SETS 800 SETS 443 SETS 254 SETS	USD 23.50 USD 20.40 USD 23.20 USD 30.10	12 737.00 16 320.00 10 277.60 7 645.40
Total:	2 039 SETS		46 980.00

5. 总值
   Total Value
   SAY US DOLLARS FORTY SIX THOUSAND NINE HUNDRED AND EIGHTY ONLY.

6. 包装
   Packing
   DS2201 IN CARTONS OF 2 SETS EACH AND DS1151, DS4505 AND DS5120 TO BE PACKED IN CARTONS OF 1 SET EACH ONLY.
   TOTAL: 1639 CARTONS.

7. 唛头
   Shipping Marks
   AT BUYER'S OPTION.

8. 装运期及运输方式
   Time of Shipment & means of
   Transportation
   TO BE EFFECTED BEFORE THE END OF APRIL 2015 WITH PARTIAL SHIPMENT ALLOWED AND TRANSHIPMENT ALLOWED.

9. 装运港及目的地
   Port of Loading &
   Destination
   FROM: SHANGHAI
   TO: TORONTO

10. 保险
    Insurance
    THE SELLER SHALL COVER INSURANCE AINST WPA AND CLASH & BREAKAGE & RISKS WAR FOR 110% OF THE TOTAL INVOICE VA LUE AS PER THE RELEVANT OCEAN MARINE CARGO OF P. I. C. C. DATED1/1/1981.

11. 付款方式
    Terms of Payment
    THE BUYER SHALL OPEN THOUGH A BANK ACCEPTABLE TO THE SELLER AN IRREVOCABLE LETTER OF CREDIT AT SIGHT TO REACH THE SELLER NOT LATER THAN APRIL 10, 2015 VALID FOR NEGOTIATION INCHINA UNTIL THE 15TH DAY AFTER THE DATE OF SHIPMEDNT.

12. 备注
    Remarks

The Buyer	The Seller
NG GENERAL TRADING CO.	SHANGHAI YUANDA TRADING CO.,LTD.
（signature）	（signature）

资料二:信用证(见表3-3)

THE ROYAL BANK OF CANADA

BRITISH COLUMBIA INTERNATION CENTRE

表 3-3　1055 WEST GEORGIA STREET, VANCOUVER, B. C. V6E 3P3

CANADA

CONFIRMATION OF TELEX/CABLE PER-ADVISED　　　　　　　DATE：APR 8，2015

TELEX NO. 4720688 CA　　　　　　　　　　　　　　　　　PLACE：VANCOUVER

IRREVOCABLE DOCUMENTARY CREDIT	CREDIT NUMBER：15/0601-FCT	ADVISING BANK'S REF. NO.
ADVISING BANK： SHANGHAI A J FINANCE CORPORATION 59 HONGKONG ROAD SHANGHAI 200002，CHINA	**APPLICANT：** NG GENERAL TRADING CO. ＃362 JALAN STREET, TORONTO, CANADA	
BENEFICIARY： ZHENGZHOU FANKE IMP. ＆ EXP. CORPO-RATION 230 NANJING ROAD, ZHENGZHOU, CHINA	**AMOUNT：** USD46,980.00 (US DOLLARS FORTY SIX THOUSAND NINE HUN-DRED ANDEIGHTEEN ONLY)	
EXPIRY DATE：MAY 15, 2015	FOR NEGOTIATION IN APPLICANT COUNTRY	

GENTLEMEN：

WE HEREBY OPEN OUR IRREVOCABLE LETTER OF CREDIT IN YOUR FAVOR WHICH IS AVAILA-BLE BY YOUR DRAFTS AT SIGHT FOR FULL INVOICE VALUE ON US ACCOMPANIED BY THE FOL-LOWING DOCUMENTS：

+SIGNED COMMERCIAL INVOICE AND 3 COPIES.

+PACKING LIST AND 3 COPIES, SHOWING THE INDIVIDUAL WEIGHT AND MEASUREMENT OF EACH ITEM.

+ORIGINAL CERTIFICATE OF ORIGIN AND 3 COPIES ISSUED BY THE CHAMBER OF COMMERCE.

+FULL SET CLEAN ON BOARD OCEAN BILLS OF LADING MARKED "FREIGHT PREPAID" CON-SIGNED TO ORDER OF THE ROYAL BANK OF CANADA INDICATING THE ACTUAL DATE OF THE GOODS ON BOARD AND NOTIFY THE APPLICANT WITH FULL ADDRESS AND PHONE NO. 77009910.

+INSURANCE POLICY OR CERTIFICATE FOR 130 PERCENT CIF OF INVOICE VALUE COVERING：INSURANCE CARGO CLAUSES(A) AS PER I. C. C. DATED 1/1/1982.

+BENEFICIARY'S CERTIFICATE CERTIFYING THAT EACH COPY OF SHIPPING DOCUMENTS HAS BEEN FAXED TO THE APPLICANT WITHIN 48 HOURS AFTER SHIPMENT.

COVERING SHIPMENT PF：

4 ITEMS TERMS OF CHINESE CERAMIC DINNERWARE INCLUDING：

DS1511　30-PIECE DINNERWARE AND TEA SET, 544ETS

DS2201　20-PIECE DINNERWARE SET, 800SETS,

DS4504　45-PIECE DINNERWARE SET, 443SETS

DS5120　95-PIECE DINNERWARE SET, 245SETS

DETAILS IN ACCORDANCE WITH SALES CONTRACT SHDS09026 DATED APR. 3, 2009.

[]FOB /[]CFR / [X] CIF/ []FAX TORONTO CANADA.

SHIPMENT FROM	TO	LATEST	PARTIAL SHIPMENTS	TRANSSHIPMENT
SHANGHAI	VANCOUVER	APRIL 30,2015	PROHIBITED	PROHIBITED

DRAFTS TO BE PRESENTED FOR NEGOTIATION WITHIN 15 DAYS FROM BILL OF LADING DATE, BUT WITHIN THE VALIDITY OF CREDIT. ALL DOCUMENTS TO BE FORWARDED IN ONE COVER, BY AIRMAIL, UNLESS OTHERWISE STATED UNDER SPECIAL INSTRUCTION.

SPECIAL INSTRUCTION：ALL BANKING CHARGES OUTSIDECANADA ARE FOR ACCOUNT OF BEN-EFICIARY.

+ALL GOODS MUST BE SHIPPED IN FOUR 20′CY TO CY CONTAINER AND B/L SHOWING THE SAME.

+THE VALUE OF FREIGHT PREP AID HAS TO BE SHOWN ON BILLS OF LADING.

+DOCUMENTS WHICH FAIL TO COMPLY WITH THE TERMS AND CONDITIONS IN THE LETTER OF CREDIT SUBJECT TO A SPECIAL DISCREPANCY HANDLING FEE OF US $ 35. 00 TO BE DEDUCT-ED FROM ANY PROCEEDS.

DRAFT MUST BE MARKED AS BEING DRAWN UNDER THIS CREDIT AND BEAR ITS NUMBER; THE AMOUNTS ARE TO BE ENDORSED ON THE REVERSE HERE OF BY NEG. BANK. WE HEREBY AGREE WITH THE DRAWERS, ENDORSERS AND FIDE HOLDER THAT ALL DRAFTS DRAWN UN-DER AND IN COMPLIANCE WITH THE TERMS OF THIS CREDIT SHALL BE DULY HONORED UPON PRESENTATION.

THIS CREDIT IS SUBJECT TO THE UNIFORM CUSTOMS AND PRACTICE FOR DOCUMENTARY CREDITS (2007REVISION) BY THE INTERNATIONAL CHAMBER OF COMMERCE PUBLICATION NO. 600.

Yours Very Truly,

David Jone

AUTHORIZED SIGNATURE

Joanne Hsan

AUTHORIZED SIGNATURE

（三）实训要求

试根据出口合同 SHDS 15026 对信用证进行审核,写出审核结果(见表 3-4),并拟写信用证修改函,要求对方修改信用证。

表 3-4　信用证审核结果

信用证号	15/0601-FCT
合 同 号	SHDS 15026
审核结果	

信用证修改函

上海远达贸易公司

SHANGHAI YUANDA TRADING CO.,LTD.

29TH FLOOR KINGSTAR MANSION，623JINLIN RD.,

SHANGHAI, CHINA

TO：

（四）评价方法

能够正确对信用证进行审证，掌握信用证改证流程，熟练撰写信用证改证函。

项 目 小 结

信用证是银行代表进口商开立的承诺有条件付款的书面文件，由买方向银行申请，银行开立，并通知异地出口商开户银行转告卖方，卖方在按合同和信用证规定的条款发货，银行代买方付款。卖方在收到信用证后，必须对信用证的内容认真进行审核，务必保证信用证与合同内容相符。如发现信用证错误或有不符之处，应针对问题撰写信用证修改函，按照信用证修改程序修改信用证。

项目 四 办理订舱、保险、产地证

实训目标

1. 熟悉出口贸易中办理货物租船订舱的基本业务流程
2. 熟悉办理出口货物运输保险的工作流程,能正确填写投保单
3. 熟悉申领一般原产地证书的程序
4. 能够正确填制订舱委托书
5. 能够正确填制投保单
6. 能够正确填制一般原产地证书以及申请书

业务导入

河南豫达国际贸易有限责任公司收到美国 SUN TRADE CORP. , LTD. 通过银行发来的信用证修改书之后,审核无误。按照合同要求,河南豫达国际贸易有限责任公司委托国际货运代理公司办理订舱手续。订舱结果确认后,河南豫达国际贸易有限责任公司遂向保险公司投保,并向商检局申请原产地证书。

操作流程

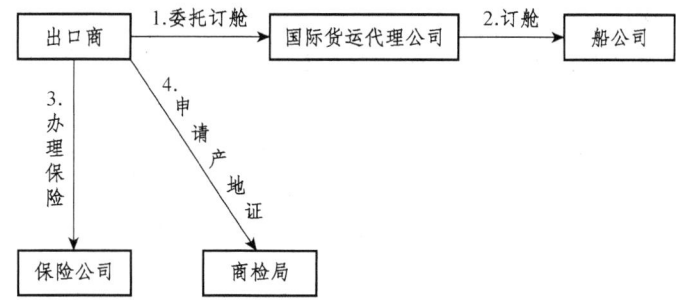

因此,按操作程序分解为以下四个任务:

(1) 委托订舱。

(2) 订舱。

(3) 办理保险。

(4) 申请产地证。

任务一　办 理 订 舱

一、知识要点

(一)操作流程

办理订舱操作流程如图 4-1 所示。

图 4-1　办理订舱操作流程

(二)办理出口租船订舱的程序

在以 CIF、CFR 贸易术语成交的进出口合同中,租船订舱应由卖方来负责.出口方收到进口方开来的信用证后,要按照信用证上规定的交货期及时备货。为了使货物能按期发出,租船订舱这一步需要提前进行。实务中,往往在货物结束生产前 10 天左右租船订舱,如果情况特殊还需提前订舱。订舱的工作可由出口公司直接与船公司或船务代理公司联系,也可以委托货运代理公司来办理。租船订舱的流程如下。

1. 委托货运代理订舱的程序

(1)出口企业在备货的同时,应填制货运委托书,并随附发票、装箱单等必要单据,委托货运代理公司办理货物运输的相关手续。

(2)货运代理公司接受货运委托后,应缮制货物托运单,连同发票、装箱单等必要单证向船公司办理租船订舱。

(3)船公司根据具体情况,同意承运后,则在托运单的几联单据上编上与提单(B/L)号码一致的编号,填上船名、航次并签字,即表示已确认托运人的租船订舱,同时把配舱回单、装货单等有关单据退还给货运代理公司,货运代理公司要通知出口企业已订舱并让其将托运的货物按时送到指定码头的仓库。

2. 出口公司直接订舱的程序

出口公司直接向船公司或船务代理公司订舱,与出口公司委托货运代理公司代为订舱的程序基本相同,只是省去了出口公司向外运公司发出委托订舱单的步骤,直接由出口公司缮制装箱单,填写托运单,传真给船公司或船务代理公司作为订舱依据。

二、操作实例

(一)业务背景资料

按照合同要求,河南豫达国际贸易有限责任公司委托河南责邦国际货运代理公司代为办理订舱手续,并向其提交出口订舱委托书、商业发票、装箱单等单证。

(二)实例操作

1. 缮制海运出口订舱委托书

河南豫达国际贸易有限责任公司按照合同、信用证、商业发票单证,缮制海运出口订舱委书,委托河南责邦国际货运代理公司代为向船公司办理订舱(见图 4-2)。

2. 填制海运出口托运单

河南责邦国际货运代理公司按照河南豫达国际贸易有限责任公司提交的订舱委托书,填制出口托运单,连同发票装箱单等向船公司订舱(见图 4-3)。

3. 取得配舱回单

船公司接受订舱后,河南豫达国际贸易有限责任公司从船公司处获得配舱回单,证明订舱完成(见图 4-4)。

河南豫达国际贸易有限责任公司

HENAN YUDA INTERNATIONAL TRADING CO.,LTD.

ZHENGKAI ROAD NO.6, ZHENGZHOU HENAN CHINA

海运出口订舱委托书

发货人: Shipper:HENAN YUDA INTERNATIONAL TRADING CO.,LTD.				日期		2015.04.10	
收货人: Consignee:TO ORDER				合同号		ZK8907-SH685	
通知人: Notify Party:SUN TRADE CORP.,LTD. 922 FRELINGHUYSEN AVENUE, NEWARK, NJ, USA				信用证号		0068LC135256	
运费支付方式	FREIGHT PREPAID		提单份数	3正3副	贸易国别		USA
启运港	TIANJIN, CHINA	目的港	NEWARK, USA	可否转船	ALLOWED	可否分批	ALLOWED
标记唛码	包装名称及件数		货物描述		毛重	尺码	成交条件
SUN NEWARK NO.1-250	250 CARTONS		TENNIS SHOES		6250 KGS	10CBM	CIF
装箱方式	FCL	集装箱预配数	20′× 40′×	特种集装箱要求	□冷藏货 □危险品	装运期限	2015.04.25
备注					托运人签章		
					电话		
					地址		

图 4-2　海运出口订舱委托书

海运出口托运单
SHIPPING LETTER OF INSTRUCTION

托运人
Shipper：HENAN YUDA INTERNATIONAL TRADING CO.，LTD.

编号 No：YD13031501	船名 S/S：

目的港 For	NEWARK，USA

标记及号码 Marks & Nos	件数 Quantity	货名 Description of Goods	重量公斤 Weight Kilos	
			净 Net	毛 Gross
SUN NEWARK NO. 1~250	250 CARTONS	TENNIS SHOES		6 250 KGS
			运费付款方式 Method of Freight Payment PREPAID	

共计件数（大写）Total Number of Packages in Writing	SAY TOTAL TWO HUNDRED AND FIFTY CARTONS ONLY

运费计算 Freight	尺 码 Measurement	10CBM

备注 Remarks	

抬头 ORDER OF	TO ORDER	可否转船 Whether transshipment allowed	allowed	可否分批 Whether partial shipment allowed	allowed
通知人 Notify party	Notify Party： SUN TRADE CORP.， LTD. 922 FRELINGHUYS-EN AVENUE, NEWARK, NJ, USA	装运日期 Period of shipment	2015.04.25	有效期 Period of validity	2015.05.15	提单张数 No of B/L	3
		银行编号 Bank No.		信用证号 L/C No.	0068LC135256

图 4-3　海运出口托运单

Shipper (发货人) HENAN YUDA INTERNATIONAL TRADING CO., LTD.		D/R No. (编号) JY-HSNBL05		
Consignee (收货人) TO ORDER				
Notify Party (通知人) SUN TRADE CORP., LTD. TO ORDER 922FRELINGHUYSEN AVENUE, NEWARK, NJ, USA		配 舱 回 单		

Pre-carriage by (前程运输)		Place of Receipt	
Vessel (船名) XINXING	Voy. No. (航次) V. 088	Port of Loading TIANJIN	

Port of Discharge NEWARK	Place of Delivery	Final Destination for the Merchant's Reference

Container No.	Marks & Nos.	Nos. Kinds of Packages	Description of Goods	Gross Weight(kg)	Measurements(M3)
	SUN NEWARK NO. 1-250	250 CARTONS	TENNIS SHOES	6 250	10

Total Number of Packages	SAY TOTAL TWO HUNDRED AND FIFTY CARTONS ONLY

Freight & Charges (运费与附加费) Prepaid	Revenue Tons (运费吨)	RATE (运费率)	Prepaid (运费预付)	Collect (到付)

Ex. Rate： (兑换率)	Prepaid at (预付地点) TIANJIN	Payable at	Place of Issue (签发地点)
	Total Prepaid (预付总额) USD 1200.00	No. of Original B(s)/L (正本提单份数) THREE	

可否转船：YSE	可否分批：YES	
装期： APR. 25.2015	效期： MAY. 20，2015	China Sinotrans Corporation
金额：USD 1 200.00		
制单日期：APR. 15.2015		

图 4-4　配舱回单

三、实训操作练习

（一）业务背景

郑州凡科进出口公司与沙特阿拉伯 NEO 公司签订了一份国际货物销售合同，以 CFR 成交，合同编号为 FTT2015026，郑州凡科进出口公司于 3 月 19 日收到了 NEO 公司开来的不可撤销信用证，并已确认，信用证编号为 0061LC123756。此时，货已备妥。

（二）业务资料

销 售 合 同

SALES CONTRACT

卖方　ZHENGZHOU FANKE IMP. & EXP.　　　　　编号 NO.：FTT2015026
CORPORATION
SELLER：230 NANJING ROAD, ZHENGZHOU, CHINA
TEL：0371-64507896
EMAIL：textile@hteod.com　　　　　　　日期 DATE：Feb. 28, 2015
　　　　　　　　　　　　　　　　　　　地点 SIGNED IN： ZHENGZHOU,
　　　　　　　　　　　　　　　　　　　　　　　　　　　　CHINA

买方　NEO GENERAL TRADING CO.
BUYER：P. O. BOX 99552, RIYADH22766, KSA
TEL：00966-1-4659220　　FAX：00966-1-4659213

买卖双方同意对以下条款达成交易款项（见表 4-1）：

This contract is made by and agreed between the buyer and seller, in accordance with the terms and conditions stipulated below.

表 4-1　条款内容

1. 品名及规格 Commodity & Specification	2. 数量 Quantity	3. 单价及价格条款 Unit Price & Trade Terms	4. 金额 Amount
		CFR JEDDAH PORT, SAUDI ARABIA	
ABOUT 1700 CARTONS CANNED MUSHROOMS PIECES & STEMS 24 TINS X 227 GRAMS NET WEIGHT （G. W. 425GRAMS) AT USD7.80 PER CARTON. ROSE BRAND.	1 700 CARTONS	USD 7.80	USD 13 260.00
Total:	1 700 CARTONS		USD 13 260.00

5. 总值　　　　　　　　　　USD THIRTEEN THOUSAND TWO
   Total Value　　　　　　HUNDRED AND SIXTY ONLY.

6. 包装　　　　　　　　　　EXPORTED BROWN CARTON
   Packing

7. 唛头　　　　　　　　　　GOLD ROSE BRAND
   Shipping Marks　　　　187/2015
   　　　　　　　　　　　　RIYADH

8. 装运期及运输方式　　　Not Later Than Apr. 28, 2015 BY VESSEL

Time of Shipment & means of Transportation		
9. 装运港及目的地 Port of Loading & Destination		From：QINGDAO PORT, CHINA To：JEDDAH PORT, SAUDI ARABIA
10. 保险 Insurance		TO BE COVERED BY THE BUYER.
11. 付款方式 Terms of Payment		The Buyers shall open through a bank acceptable to the Seller an Irrevocable Letter of Credit payable at sight of reach the seller 30 days before the month of shipment，valid for negotiation in China until the 15th day after the date of shipment.
12. 备注(见表4-2) Remarks		

The Buyer   The Seller

NEO GENERAL TRADING CO.   FENGTENG TRADING CO., LTD.

（signature）   （signature）

表 4-2　信用证

2015MAR22 09：18：11			LOGICAL TERMINAL E106	
MT S700		ISSUE OF A DOCUMENTARY CREDIT	PAGE　　00006 FUNC　　MSG700 UMR　　06881051	
MSGACK DWS765I AUTH OK，KEY B198081689580FC5，BKCHCNBJ RJHISARI RECORO				
BASIC HEADER		F 06 BKCHCNBJA940 0588 550628		
APPLICATION HEADER		0 700 1057 060620 RJHISARIAXXX 7277 977367 060613 1557 N 　　　＊ ALRAJHI　　　BANKING　　　AND 　　　　INVESTMENT 　　　＊ CORPORATION 　　　＊ RIYADH 　　　＊ (HEAD OFFICE)		
USER HEADER		SERVICE CODE　　106： BANK. PRIORITY　113： MSG USER REF.　　108： INFO. FROM CI　　115：		
SEQUENCE OF TOTAL	＊27	1/1		
FORM OF DOC. CREDIT	＊40A	IRREVOCABLE		
DOC. CREDIT NUMBER	＊20	0061LC123756		
DATE OF ISSUE	31C	150319		
DATE/PLACE EXP.	＊31D	DATE 110510 PLACECHINA		
APPLICANT	＊50	NEO GENERAL TRADING CO. P. O. BOX 99552, RIYADH22766, KSA TEL：00966-1-4659220 FAX：00966-1-4659213		

BENEFICIARY	* 59	ZHENGZHOU FANKE IMP. & EXP. CORPORATION 230 NANJING ROAD, ZHENGZHOU, CHINA TEL: 0371-64507896 EMAIL: textile@hteod.com
AMOUNT	* 32B	CURRENCY USD AMOUNT 13260,
AVAILABLE WITH/BY	* 41D	ANY BANK IN CHINA, BY NEGOTIATION
DRAFTS AT …	42C	SIGHT
DRAWEE	42A	RJHISARI
		* ALRAJHI BANKING AND INVESTMENT * CORPORATION * RIYADH * (HEAD OFFICE)
PARTIALSHIPMTS	43P	ALLOWED
TRANSSHIPMENT	43T	NOT ALLOWED
PORT OF LOADING PORT OF DISCHARGE	44E 44F	QINGDAO FORT, CHINA JEDDAH PORT, SAUDI ARABIA
LATEST SHIPMENT	44C	150428
GOODS DESCRIPT	45A	ABOUT 1700 CARTONS CANNED MUSRHOOM PIECES & STEMS 24 TINS X 227 GRAMS NET WEIGHT (G. W. 425 GRAMS) AT USD7. 80 PER CARTON. GOLD ROSE BRAND. CFR JEDDAH PORT, SAUDI ARABIA
DOCS REQUIRED	46A	DOCUMENTS REQUIRED: + SIGNED COMMERCIAL INVOICE IN TRIPLICATE ORIGINAL AND MUST SHOW BREAK DOWN OF THE AMOUNT AS FOLLOWS: FOB VALUE, FREIGHT CHARGES AND TOTAL AMOUNT C AND F.
		+ FULL SET CLEAN ON BOARD BILL OF LADING MADE OUT TO THE ORDER OF AL RAJHI BANKING AND INVESTMENT CORP, MARKED FREIGHT PREPAID AND NOTIFY APPLICANT, INDICATING THE FULL NAME, ADDRESS AND TEL NO. OF THE CARRYING VESSEL'S AGENT AT THEPORT OF DISCHARGE.
		+ FULL SET CLEAN ON BOARD BILL OF LADING MADE OUT TO THE ORDER OF AL RAJHI BANKING AND INVESTMENT CORP, MARKED FREIGHT PREPAID AND NOTIFY APPLICANT, INDICATING THE FULL NAME, ADDRESS AND TEL NO. OF THE CARRYING VESSEL'S AGENT AT THEPORTOF DISCHARGE.
		+ PACKING LIST IN ONE ORIGINAL PLUS 5 COPIES, ALL OF WHICH MUST BE MANUALLY SIGNED.

		+ INSPECTION（HEALTH）CERTIFICATE FROM C. I. Q.（ENTRY-EXIT INSPECTION AND QUARANTINE OF THE PEOOPLES REP. OFCHINA）STATING GOODS ARE FIT FOR HUMAN BEING.
		+ CERTIFICATE OF ORIGIN DULY CERTIFIED BY C. C. P. I. T. STATING THE NAME OF THE MANUFACTURERS OF PRODUCERS AND THAT GOODS EXPORTED ARE WHOLLY OF CHINESE ORIGIN.
		+ THE PRODUCTION DATE OF THE GOODS NOT TO BE EARLIER THAN HALF MONTH AT TIME OF SHIPMENT. BENEFICIARY MUST CERTIFY THE SAME.
		+ SHIPMENT TO BE EFFECTED BY CONTAINER AND BY REGULARE LINE. SHIPMENT COMPANY'S CERTIFICATE TO THIS EFFECT SHOULD ACCOMPANY THE DOCUMENTS.
DD. CONDITIONS	47 A	ADDITIONAL CONDITION：
		+A DISCREPANCY FEE OF USD50. 00 WILL BE IMPOSED ON EACH SET OF DOCUMENTS PRESENTED FOR NEGOTIATION UNDER THIS L/C WITH DISCREPANCY. THE FEE WILL BE DEDUCTED FROM THE BILL AMOUNT. PAYMENT UNDER THE GOODS WERE APPROVED BY SAUDI GOVERNMENT LAB. + MORE OR LESS 10 PCT OF CREDIT AMOUNT IS ALLOWED.
CHARGES	71 B	ALL CHARGES AND COMMISSIONS OUTSIDE KSA ON BENEFICIARIES' ACCOUNT INCLUDING REIMBURSING, BANK COMMISSION, DISCREPANCY FEE（IF ANY）AND COURIER CHARGES.
CONFIRMATINSTR	* 49	WITHOUT
SEND REC INFO	72	REIMBURSEMENT IS SUBJECT TO ICC URR 525
TRAILER		ORDER IS ＜MAC：＞＜PAC：＞＜ENC：＞＜CHK：＞＜TNG：＞＜PDE：＞ MAC：E55927A4 CHK：7B505952829A HOB：

实际货物装运信息:

1. 1750 CTNS
2. 0.065 CBM/CTN
3. 业务编号:2015SDT006
4. SHIPPING MARKS:

> GOLD ROSE BRAND
>
> 187/2015
>
> RIYADH

(三) 实训要求

根据上述销售合同、信用证以及其他资料为郑州凡科进出口公司缮制海运出口订舱委托书（见表4-3）。

表 4-3　海运出口订舱委托书

发货人:					日期		
收货人:					合同号		
通知人:					信用证号		
运费支付方式			提单份数		贸易国别		
启运港		目的港		可否转船		可否分批	
标记唛码	包装名称及件数		货物描述		毛重	尺码	成交条件
装箱方式	集装箱预配数	20′× 40′×	特种集装箱要求	□冷藏货 □危险品	装运期限		
备注				托运人签章			
				电话			
				地址			

(四) 评价方法

能够掌握出口贸易中办理货物租船订舱的基本业务流程,并能正确填制订舱委托书等相关单证。

任务二　办理保险

一、知识要点

(一) 操作流程

办理保险操作流程如图4-5所示。

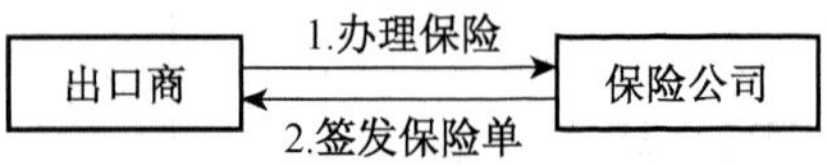

(二) 知识要点

1. 确定投保方式

以 CIF 和 CIP 价格术语成交的合同,货物运输保险由卖方办理。出口货物运输保险的投保方

图 4-5　办理保险操作流程

式分为逐笔投保和预约保险两种。出口企业可以根据业务量的大小和稳定性加以选择。我国出口企业大多数采用逐笔投保方式。

2. 确定保险金额

保险金额是保险人所应承担的最高赔偿金额,也是核算保险费的基础。按照国际保险市场习惯,通常按 CIF 或 CIP 总值加 10% 计算。所加的百分率称为"保险加成率"或"投保加成率"。保险金额的计算公式如下:

$$保险金额＝CIF(CIP)价×(1＋投保加成率)$$

对 CFR(CPT)合同项下的货物进行投保,需先把 CFR(CPT)价变成 CIF(CIP)价,再加成计算保险金额,公式如下:

$$CIF(CIP)价＝CFR÷(1－投保加成×保险费率)$$

3. 确定保险险别

选择何种险别,应视货物的性质和特点、货物的包装情况、运输线路,以及目的港的设施、装卸能力和安全等因素综合考虑。一般来说,国际贸易货物运输保险承保的基本风险是在运输途中自然灾害和意外事故所造成的损失。所以,投保险别应首先在基本险中选择平安险和水渍险,然后再根据需要加保附加险。但若考虑到货物遭受外来风险的可能性较大,则可选择一切险,再视具体情况加保特殊附加险。保险险别的选择既要考虑到货物在发生损失时应得到相应的赔偿,避免经济损失,又要考虑到保险险别选择的合理性,避免因支付不必要的保险费而加大进出口成本。我国进出口货物运输的保险险别如表 4-4 所示。

表 4-4　我国进出口货物运输的保险险别

出口货物运输保险种类	进出口货物运输保险险别		
海洋货物运输保险	基本险		平安险
			水渍险
			一切险
	附加险	一般附加险	偷窃、提货不着险
			短量险
			渗漏险
			混杂、玷污险
			淡水雨淋险
			碰损、破碎险
			串味险
			钩损险
			受潮、受热险
			锈损险
			包装破裂险

出口货物运输保险种类	进出口货物运输保险险别		
海洋货物运输保险	附加险	特殊附加险	交货不到险
			进口关税险
			卖方利益险
			舱面险
			拒收险
			港、澳存仓火险
			黄曲霉素险
			虫损险
			战争险
			罢工险

根据我国《海洋运输货物保险条款》规定,保险责任起讫按照国际惯例,采用"仓至仓条款"(Warehouse to Warehouse Clause,简称 W/W Clause)。即保险责任自被保险货物运离保险单所载明被保险货物卸离海轮后 60 天。但是,战争险的保险责任期限不采用"仓至仓"条款,而仅以水面危险为限。海运货物投保险别的一般选择如表 4-5 所示。

表 4-5　海运货物投保险别的一般选择

商品类型	主要商品	投保险别
机械类	旧机械和裸装设备等	水渍险
	置于舱面的超大型设备	平安险、舱面险
	各种机动车辆和带包装的机械设备	一切险
五金矿产类	平安险	废钢铁
	金属条、板、管、块等大五金类和散装金属原料	水渍险、短量险
	小五金类、箱装大五金类、带包装的原料	一切险
精密仪器、仪表类	各种仪器、仪表	一切险
轻工产品类	各种电子、电器等轻工类产品	一切险
纺织品类	棉花、棉布、丝、绸等纺织品	一切险
工艺品类	玻璃、陶瓷等	平安险或水渍险,碰损、破碎险
粮油肉食品类	粮食、豆类等	一切险
	食用动植物油	水渍险和短量险,混杂、玷污险
	冷冻肉类或速冻食品	冷藏险
土产、畜产品类	木材	平安险(如在舱面加保舱面险)
	咖啡、可可、茶叶等土特产	一切险
	牛、羊等活牲畜	牲畜、活家禽死亡险

（三）办理海洋货物运输保险的程序

1. 投保前的准备

根据合同的规定来确定由买方还是由卖方办理保险,依据货物的特点和运输的实际情况合理选择保险的险别。投保人根据所选择的贸易术语来确定保险金额,保险金额一般按发票金额(如果不是 CIF 价,要转换为 CIF 价)加 10% 的投保加成率来计算。需要注意的是,如果在 CIF 价中含有折扣,则应减去折扣金额;如果在 CIF 价中含有佣金,则不必减去佣金的金额。

2. 投保申请

出口企业办好托运手续,在收到船公司的配舱回单后,就可以根据信用证、商业发票等单据的内容,结合所确定的保险险别和保险金额及需要投保的时间向保险公司提出投保申请,并实事求是地填写投保单,由保险人确认作为保险合同的订立依据。

3. 交保费,取得保险单

保险公司审核投保单合格后,根据投保单来制作保险单并交给投保人确认,经投保人确认无误后,按规定的保险费率和投保人要投保的金额向投保人收取保险费,将正式的保险单交给投保人,即投保人与保险人之间的保险契约关系正式成立。

4. 保险索赔

被保险人一经获悉或发现保险标的遭受损失,应立即通知保险公司。损失通知的重要性表现在它的法律效力上,损失通知一经发出,索赔立即生效并且不再受索赔时效的限制。货运保险单一般都注明了保险公司在目的港或目的地的检验代理人的名称和地址。被保险人应采取就近原则,及时通知保险人或其在当地的检验代理人,申请对损失进行检验,保险人在接到损失通知后,就可以对损失进行检验,并采取相应的措施控制损失等。同时,被保险人要备全必要的索赔单证:①保单或保险凭证正本;②运输契约,如提单、运单和邮单等;③发票;④装箱单、磅码单;⑤向承运人或有责任方请求赔偿的书面文件;⑥检验报告;⑦海事报告摘录或海事声明书;⑧货损货差证明;⑨索赔清单。准备好以上材料后,可在保险有效期内,向保险公司索赔。

（四）向保险公司索赔的流程

向保公司索赔的流程如图 4-6 所示。

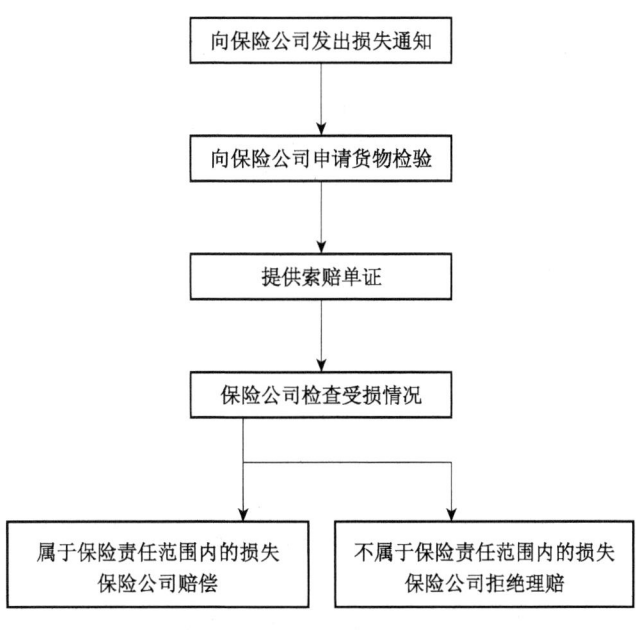

图 4-6 向保险公司索赔流程

二、操作实例

(一)业务背景资料

河南豫达国际贸易有限责任公司收到船公司签发的配舱回单后,获知装运信息,按照合同要求,遂向保险公司办理保险手续,向保险公司提交投保单、合同副本、商业发票等单据。

(二)实例操作

1. 填制投保单

河南豫达国际贸易有限责任公司按照合同、信用证、配舱回单等单据填制投保单,向保险公司办理保险手续,如图 4-7 所示。

中国人民财产保险股份有限公司
PICC Property and Casualty Company Limited

出口货物运输保险投保单
APPLICATION FORM FOR CARGO EXPORTING CARGO TRANSPORTATION INSURANCE

被保险人:
Insured:HENAN YUDA INTERNATIONAL TRADING CO.,LTD.

发票号(Invoice No.)YD13031501
合同号(Contract No.)ZK8907—SH685
信用证号(L/C No.)0068LC135256

兹有下列物品投保:
Insurance is required on the following commodities:

标记 Marks	包装及数量 Quantity	保险货物项目 Description of Goods	保险金额 Amount Insured
SUN NEWARK NO. 1-250	250 CARTONS	TENNIS SHOES	USD 73 315

启运日期: 装载运输工具:
Date of Commencement:AS PER B/L Per Conveyance:XINXING V. 088
自经至
From TIANJIN,CHINA Via _____ To NEWARK, USA
投保险别:(Please Indicate the Conditions &/or Special Coverage)
FOR 110% OF THE INVOICE VALUE COVERING ALL RISKS & WAR RISK AS PER PICC DATE1/1/1981
赔款偿付地点:
Claim Payment at :NEWARK, USA

备注:
Remarks:

投保人签章:
李达(河南豫达国际贸易有限责任公司盖章)
电话:86-371-85305222   地址: 投保日期:2015 年 4 月 16 日

图 4-7 出口货物运输保险投保单

2. 签发保险单

保险公司接受投保后,向河南豫达国际贸易有限责任公司签发保险单,如图 4-8 所示。

PICC	中国人民保险公司 The People's Insurance Company of China 总公司设于北京　一九四九年创立 Head Office Beijing　　Established in 1949		

货物运输保险单
CARGO TRANSPORTATION INSURANCE POLICY

发票号（INVOICE NO.）　YD13031501
合同号（CONTRACT NO.）　ZK8907—SH685
信用证号（L/C NO.）　0068LC135256

保单号次
POLICY NO.：PIC1304784

被保险人：
Insured：HENAN YUDA INTERNATIONAL TRADING CO.，LTD.

中国人民保险公司（以下简称本公司）根据被保险人的要求，由被保险人向本公司缴付约定的保险费，按照本保险单承保险别和背面所载条款与下列条款承保下述货物运输保险，特立本保险单。
THIS POLICY OF INSURANCE WITNESSES THAT THE PEOPLE'S INSURANCE COMPANY OF CHINA (HEREINAFTER CALLED "THE COMPANY") AT THE REQUEST OF THE INSURED AND IN CONSIDERATION OF THE AGREED PREMIUM PAID TO THE COMPANY BY THE INSURED, UNDERTAKES TO INSURE THE UNDERMENTIONED GOODS IN TRANSPORTATION SUBJECT TO THE CONDITIONS OF THIS OF THIS POLICY AS PER THE CLAUSES PRINTED OVERLEAF AND OTHER SPECIAL CLAUSES ATTACHED HEREON.

标记 MARKS & NOS	包装及数量 QUANTITY	保险货物项目 DESCRIPTION OF GOODS	保险金额 AMOUNT INSURED
SUN NEWARK NO. 1-250	250 CARTONS	TENNIS SHOES	USD 73 315

总保险金额：
TOTAL AMOUNT INSURED：SAY U. S. DOLLARS SEVENTY THREE THOUSAND THREE HUNDRED AND FIFTEEN ONLY.

保费：　　　　　　　　启运日期：　　　　　　　　装载运输工具：
PERMIUM：AS ARRANGED DATE OF COMMENCEMENT：AS PER B/L PER CONVEYANCE：XINXING V.088

自：　　　　　　　　　　经：　　　　　　　　　　至：
FROM：TIANJIN, CHINA　　　VIA _____　　TO NEWARK, USA _____

承保险别：
CONDITIONS：
FOR 110% OF THE INVOICE VALUE COVERING ALL RISKS & WAR RISK AS PER PICC DATE 1/1/1981

所保货物，如发生保险单项下可能引起索赔的损失或损坏，应立即通知本公司下述代理人查勘。如有索赔，应向本公司提交保单正本（本保险单共有贰份正本）及有关文件。如一份正本已用于索赔，其余正本自动失效。
IN THE EVENT OF LOSS OR DAMAGE WITCH MAY RESULT IN A CLAIM UNDER THIS POLICY, IMMEDIATE NOTICE MUST BE GIVEN TO THE COMPANY'S AGENTAS MENTIONED HEREUNDER. CLAIMS, IF ANY, ONE OF THE ORIGINAL POLICY WHICH HAS BEEN ISSUED IN（2）ORIGINAL(S) TOGETHER WITH THE RELEVANT DOCUMENTS SHALL BE SURRENDERED TO THE COMPANY. IF ONE OF THE ORIGINAL POLICY HAS BEEN ACCOMPLISHED. THE OTHERS TO BE VOID.

赔款偿付地点：　　　　　　　　　　中国人民财产保险股份有限公司
CLAIM PAYABLE AT/IN ___NEWARK___　The People's Insurance Company of China
出单日期：
ISSUING DATE ___APR. 20, 2015___　　　　　　　　_____
　　　　　　　　　　　　　　　　　　　　　　　　（Authorized Signature）

图 4-8　货物运输保险单

三、实训操作练习

(一)业务背景

2015 年 3 月 9 日,郑州凡科进出口公司从货代处得知其所订舱位已经确认,该批货物将于 3 月 20 日装上由上海港开往加拿大蒙特利尔港的"HUA CHANG"轮 V.09981 船次。在得到了船公司关于确认订舱的信息后,郑州凡科进出口公司即于 3 月 16 日按照信用证的有关规定填写"投保单",并随附商业发票向中国人民保险公司郑州分公司办理保险手续。

(二)业务资料

资料一:信用证(见表 4-6)

表 4-6 信用证

2015 JAN 31 15:23:46 MT S700	ISSUE OF A DOCUMENTARY CREDIT	LOGICAL TERMINALE102 PAGE 00001 FUNC MSG700 UMR 06607642
MSGACK DWS765I AUTH OK, KEY B110106173BAOC53B, BKCHCNBJ BNPA＊＊＊ RECORO	
BASIC HEADER	F 01 BKCHCNBJA940 0542 725524	
APPLICATION HEADER	0 700 1122 010129 BNPACAMMAXXX 4968 839712 010130 0028 N ＊BNP PARIBAS (CANADA) ＊MONTREAL	
USER HEADER	SERVICE CODE 103: BANK. PRIORITY 113: MSG USER REF. 108: INFO. FROM CI 115:	
SEQUENCE OF TOTAL	＊27:	1/1
FORM OF DOC. CREDIT	＊40A:	NON-TRANSFERABLE
APPLICABLE RULES	40E	UCP LATEST VERSION
DOC. CREDIT NUMBER	＊20:	63211020049
DATE OF ISSUE	31C:	150129
EXPIRY	＊31D:	DATE 150410 PLACE IN BENEFICIARY'S COUNTRY
APPLICANT	＊50:	FASHION FORCE CO., LTD P. O. BOX 8935 NEW TERMINAL, ALTA, VISTA OTTAWA , CANADA
BENEFICIARY	＊59:	ZHENGZHOU FANKE IMP. & EXP. CORPORATION 230 NANJING ROAD, ZHENGZHOU, CHINA
AMOUNT	＊32B:	CURRENCY USD AMOUNT 32640,
AVAILABLE WITH/BY	＊41D:	ANY BANKBY NEGOTIATION
DRAFTS AT...	42C:	SIGHT
DRAWEE	42A:	BNPACAMMXXX
		＊BNP PARIBAS (CANADA) ＊MONTREAL
PARTIALSHIPMTS	43P:	NOT ALLOWED

TRANSSHIPMENT	43T:	ALLOWED	
PORT OF LOADING	44E:	CHINA	
PORT OF DISCHARGE..	44F:	MONTREAL	
LATEST DATE OF SHIP.	44C:	150325	
DESCRIPT OF GOODS	45A:		

SALES CONDITIONS: CIF MONTREAL/CANADA
SALES CONTRACT NO. F01LCB05127
LADIES COTTON BLAZER (100% COTTON, 40SX20/140X60)
STYLE NO. PO NO. QTY/PCSUSD/PC
46-301A10337255012. 80

DOCUMENTS REQUIRED	46A:	

+COMMERCIAL INVOICES IN 3 COPIES SIGNED BY BENEFICIARY'S REPRESENTATIVE.

+CANADA CUSTOMS INVOICES IN 4 COPIES.

+FULL SET OF ORIGINAL MARINE BILLS OF LADING CLEAN ON BOARD PLUS 2 NON NEGOTIABLE COPIES MADE OUT OR ENDORSED TO ORDER OF BNP PARIBAS (CANA-DA) MARKED FREIGHT PREPAID AND NOTIFY APPLICANT'S FULL NAME AND ADDRESS.

+DETAILED PACKING LISTS IN 3 COPIES.

+COPY OF CERTIFICATE OF ORIGIN FORM A.

+COPY OF EXPORT LICENCE.

+BENEFICIARY'S LETTER STATING THAT ORIGINAL CERTIFICATE OF ORIGIN FORM A, ORIGINAL EXPORT LICENCE, COPY OF COMMERCIAL INVOICE, DETAILED PACK-ING LISTS AND A COPY OF BILL OF LADING WERE SENT DIRECT TO APPLICANT BY COURIER WITHIN 5 DAYS AFTER SHIPMENT. THE RELEATIVE COURIER RECEIPT IS ALSO REQUIRED FOR PRESENTATION.

+COPY OF APPLICANT'S FAX APPROVING PRODUCTION SAMPLES BEFORE SHIPMENT.

+LETTER FROM SHIPPER ON THEIR LETTERHEAD INDICATING THEIR NAME OF COM-PANY AND ADDRESS, BILL OF LADING NUMBER, CONTAINER NUMBER AND THAT THIS SHIPMENT, INCLUDING ITS CONTAINER, DOES NOT CONTAIN ANY NON-MAN-UFACTURED WOODEN MATERIAL, DUNNAGE, BRACING MATERIAL, PALLETS, CRATING OR OTHER NON-MANUFACTURED WOODEN PACKING MATERIAL.

+INSPECTION CERTIFICATE ORIGINAL SINGED AND ISSUED BY FASHION FORCE CO., LTD. STATING THE SAMPLES OF FOUR STYLE GARMENTS HAS BEEN APPROVED, WHICH SEND THROUGH DHL BEFORE 15DAYS OF SHIPMENT.

+INSURANCE POLICY OR CERTIFICATE IN 1 ORIGINAL AND 1 COPY ISSUED OR EN-DORSED TO THE ORDER OF BNP PARIBAS (CANADA) FOR THE CIF INVOICE PLUS 10 PERCENT COVERING ALL RISKS, INSTITUTE STRIKES, INSTITUTE WAR CLAUSES AND CIVIL COMMOTIONS CLAUSES.

ADDITIONAL COND.	47A:	

+IF DOCUMENTS PRESENTED ARE FOUND BY US NOT TO BE UN FULL COMPLIANCE WITH CREDIT TERMS. WE WILL ASSESS A CHARGE OF USD 55. 00 PER SET OF DOCU-MENTS.

	+ALL CHARGES IF ANY RELATED TO SETTLEMENTS ARE FOR ACCOUNT OF BENEFICIARY.	
	+3 PCT MORE OR LESS IN AMOUNT AND QUANTITY IS ALLOWED.	
	+ALL CERTIFICATES/LETTERS/STATEMENTS MUST BE SIGNED AND DATED	
	+FOR INFORMATION ONLY, PLEASE NOTE AS OF JANUARY 4, 1999 THAT ALL SHIPMENTS FROMCHINA THAT ARE PACKED WITH UNTREATED WOOD WILL BE BANNED FROMCANADA DUE TO THE THREAT POSED BY THE ASIAN LONGNORNED BEETLE.	
	+THE CANADIAN GOVERNMENT NOW INSIST THAT EVERY SHIPMENT ENTERING CANADA MUST HAVE THE ABOVE DOCUMENTATION WITH THE SHIPMENT.	
	+BILL OF LADING AND COMMERCIAL INVOICE MUST CERTIFY THE FOLLOWING: THIS SHIPMENT, INCLUDING ITS CONTAINER DOES NOT CONTAIN ANY NON-MANUFACTURED WOODEN MATERIAL, DUNNAGE, BRACING MATERIAL PALLETS, CRATING OR OTHER NON MANUFACTURED WOODEN PACKING MATERIAL.	
	+BENEFICIARY'S BANK ACCOUNT NO. 07773108201140121	
CHARGES	71B:	OUTSIDE COUNTRY BANK CHARGES TO BE BORNE BY THE BENEFICIARY OPENING BANK CHARGES TO BE BORNE BY THE APPLICANT
CONFIRMATION	* 49:	WITHOUT
INSTRUCTIONS	78:	
	+WE SHALL COVER THE NEGOTIATING BANK AS PER THEIR INSTRUCTIONS	
	+FORWARD DOCUMENTS IN ONE LOT BY SPECIAL COURIER PREPAID TO BNP PARIBAS (CANADA) 1981 MCGILL COLLECE AVE. MONTREAL QC H3A 2W8 CANADA.	
SEND. TO REC. INFO.	72:	L/C IS SUBJECT TO UCP DC ICC IN USE PLEASE ADVISE URGENTLY TO BEN.
TRAILER		ORDER IS <MAC: ><PAC: ><ENC: ><CHK: ><TNG: ><PDE: > MAC:F344CA36 CHK:AA6204FFDFC2

资料二:商业发票(见表4-7)

表 4-7　商业发票

ISSUER ZHENGZHOU FANKE IMP. & EXP. CORPORATION 230 NANJING ROAD, ZHENGZHOU, CHINA	商业发票 **COMMERCIAL INVOICE**		
TO FASHION FORCE CO. , LTD. P. O. BOX 8935 NEW TERMINAL, ALTA, VISTAOTTAWA, CANADA	NO. NT01FF004		DATE Mar. 9, 2015
TRANSPORT DETAILS SHIPMENT FROMSHANGHAI TO MONTREAL BY VESSEL	S/C NO. F01LCB05127		L/C NO. 63211020049
	TERMS OF PAYMENT L/C AT SIGHT		

Marks and Numbers	Number and kind of package Description of goods	Quantity	Unit Price	Amount
			CIF MONTREAL, CANADA	
FASHION FORCE F01LCB05127 CTN NO. MONTREAL MADE INCHINA	LADIES COTTON BLAZER (100% COTTON, 40SX20/ 140X60)	2 550 PCS	USD 12. 80	USD 32 640. 00
Total: 2 550 PCS				USD 32 640. 00

SAY TOTAL: USD THIRTY TWO THOUSAND SIX HUNDRED AND FORTY ONLY

SALES CONDITIONS: CIF MONTREAL/CANADA
SALES CONTRACT NO. F01LCB05127
LADIES COTTON BLAZER (100% COTTON, 40SX20/140X60)

STYLE NO.	PO NO.	QTY/PCS	USD/PC
46-301A	10337	2 550	12. 80

(三) 实训要求

根据以上信用证和商业发票填写出口投保单,如表4-8所示。

表 4-8　投　保　单

	客户抬头	(　)	PICC CLAUSE
		(　)	ICC CLAUSE
		(　)	ALL RISKS
被保险人		(　)	W. P. A. /W. A.
		(　)	F. P. A.
		(　)	WAR RISKS

被保险人		( ) S. R. C. C.
		( ) STRIKE
		( ) ICC CLAUSE A
		( ) ICC CLAUSE B
		( ) ICC CLAUSE C
保险金额	USD （ ）	( ) AIR TPT ALL RISKS
	HKD （ ）	( ) AIR TPT RISKS
	（ ）（ ）	( ) O/L TPT ALL RISKS
启 运 港		( ) O/L TPT RISKS
目 的 港		( ) TRANSHIPMENT RISKS
转 内 陆		( ) W TO W
开航日期		( ) T. P. N. D.
船名航次		( ) F. R. E. C.
赔款地点		( ) R. F. W. D.
赔付币别		( ) RISKS OF BREAKAGE
正本份数		( ) I. O. P.
其他特别条款		
以下由保险公司填写		
保单号码		费率
签单日期		保费

投保日期：   投保人签章：

（四）评价方法

熟悉办理出口货物运输保险的工作流程，并能正确填写投保单。

任务三　申请产地证

一、知识要点

（一）操作流程

申请产地证的操作流程如图 4-9 所示。

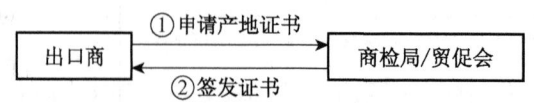

图 4-9　申请产地证的操作流程

（二）知识要点

1. 原产地证书的种类

原产地证书分为以下几种。

（1）商检机构出具的原产地证书，如：中华人民共和国检验检疫局出具的普惠制产地证格式A；一般原产地证书。

（2）商会出具的产地证书，如：中国国际贸易促进委员会出具的一般原产地证书，简称贸促会产地证书。

（3）制造商或出口商出具的产地证书。

在国际贸易实务中，应该提供哪种产地证明书，主要依据合同或信用证的要求。一般对于实行普惠制国家出口货物，都要求出具普惠制产地证明书。如果信用证并未明确规定产地证书的出具者，那么银行应该接受任何一种产地证明书。

2. 原产地证签发的程序

原产地证签发的程序主要是以下几个步骤。

（1）进出口公司根据合同或信用证填写原产地证书及其申请书。

（2）货物装运出口（报关）前（最迟报关出运前三天），外贸公司持填好的原产地证书、原产地证书申请书及其他必要单据资料到商检局或贸促会办理原产地证书签发手续。

（3）商检局或贸促会按外贸公司的申请，对公司提交的原产地证书、原产地证书申请书以及其他资料进行审核，如无误则在原产地证书上签字盖章，并将其还给外贸公司。

二、操作实例

（一）业务背景资料

按照信用证的要求，河南豫达国际贸易有限责任公司在订舱之后，向商检局提交原产地证明申请书、原产地证明、商业发票、装箱单等单据，申请原产地证。

（二）实例操作

1. 填制原产地证申请书。

河南豫达国际贸易有限责任公司依据合同、信用证、发票等单据，填制一般原产地证明书申请书，向商检局申请原产地证明，如图4-10所示。

一般原产地证明书/加工装配证明书
申 请 书

申请单位注册号：330121936　　　　　　　　　　　　　　　　证书号：E113301218330026

申请人郑重声明：

本人被正式代表本企业办理和签署本申请书。本申请书及一般原产地证明书，加工装配证明书所列内容正确无误，如发现弄虚作假，冒充证书所列货物，擅改证书，自愿接受签证机关的处罚并负法律责任，现将有关情况申报如下：

企业名称	河南豫达国际贸易有限责任公司		发票号	YD13031501
商品名称	网球鞋		HS编码	64019200
商品（FOB）总值（美元）		65 050	最终目的国/地区	美国
拟出运日期	2015-04-25	转口国（地区）		

贸易方式和企业性质(请在适用处划"√")					
☑一般贸易		□三来一补		□其他贸易方式	
中资企业	外资企业	中资企业	外资企业	中资企业	外资企业
√					
包装数量或毛重或其他数量		250 箱/6 250KGS			
证书种类(划"√")		☑一般原产地证明书		□加工装配证明书	

现提交中国出口货物商业发票副本一份,一般原产地证明书、一般原产地证明书一正三副,以及其他附件两份,请予审核签证。

申请单位:河南豫达国际贸易有限责任公司　　　　申领人(签名)　李达

电话:86-371-85305222

日期:2015 年 4 月 20 日

图 4-10　一般原产地证书申请书

2. 填制原产地证书

河南豫达国际贸易有限责任公司依据合同、信用证、发票等单据,填制一般原产地证明书,向商检局申请原产地证明,如图 4-11 所示。

一般原产地证书

1. Exporter HENANYUDA INTERNATIONAL TRADING CO. , LTD. ZHENGKAI ROAD NO. 6, ZHENGZHOU HENAN CHINA			Certificate No. **CERTIFICATE OF ORIGIN** **OF** **THE PEOPLE'S REPUBLIC OF CHINA**		
2. Consignee SUN TRADE CORP. , LTD. 922 FRELINGHUYSEN AVENUE, NEWARK, NJ, USA					
3. Means of transport and route FROM TIANJIN PORT, CHINA TO Newark PORT, USA,BY SEA			5. For certifying authority use only		
4. Country/region of destination USA					
6. Marks and numbers 01	7. Number and king of packages; description of goods TENNIS SHOES 250 CARTON * * * * * * * * * * * * * * *	8. H. S. code 64019200	9. Quantity 5 000 PAIRS	10. Number and date of invoices YD 13031501 MAR. 5, 2015	
11. Declaration by the exporter The undersigned hereby declares that the above details and statements are correct; that all the goods were produced in china and that they comply with the rules of origin of the people's republic of china. ZHENGZHOU, CHINA, APR. 21, 2015			12. Certification It is hereby certified that the declaration by the exporter is correct. ZHENGZHOU, CHINA, APR. 21, 2015		
Place and date, signature and stamp of certifying authority			Place and date, signature of authorized signatory		

图 4-11　一般原产地证书

3. 签发原产地证书

商检局接受申请后,对原产地证书进行审核,没有问题后,在原产地证书上签字盖章,将其还给外贸公司,即为签发原产地证书。

三、实训操作练习

(一) 业务背景

郑州凡科进出口公司向商检局申请一般原产地证书,提供了原产地证申请、原产地证明、发票、装箱单等相关单据。

(二) 业务资料

Credit Number:	SK/25067/97
Date of Issue:	DEC. 27, 2014
Applicant:	FASHION FORCE CO., LTD, DUBAI(UAE).
	P. O. BOX No, 6093, DUBAI(UAE), FAX NO. 263745
Benificiary:	ZHENGZHOU FANKE IMP. & EXP. CORPORATION
	230 NANJING ROAD, ZHENGZHOU, CHINA
Covering:	4 000 DOZEN EMBROIDERED TABLE CLOTH No. B4010-A502
	CIFC2 DUBAIUSD 25.5 PER DOZEN PACKING: 10DOZ/CTN ALL
	OTHER DETAILS ARE AS PER S/C No. 97/2495
Shipment:	FROM NANJINGPORT, P. R. CHINA TO DUBAIPORT, DUBAI (UAE) BY SEA
Shipping Marks:	MAHARAJA
	264553
	NO. 1-400

发票号码:CD-TX-9057

发票日期:JAN. 2, 2015

商品编码:62041300

产地证号码:CZC1/12002/5649

产地证申请时间:JAN. 15, 2015

(三) 实训要求

根据以上资料正确填制一般原产地证申请书和一般原产地证书,如图 4-12 和图 4-13 所示。

一般原产地证明书/加工装配证明书

申 请 书

申请单位注册号:　　　　　　　　　　　　　　　　　　　　　证书号:

申请人郑重声明:

本人被正式代表本企业办理和签署本申请书。本申请书及一般原产地证明书,加工装配证明书所列内容正确无误,如发现弄虚作假,冒充证书所列货物,擅改证书,自愿接受签证机关的处罚并负法律责任,现将有关情况申报如下:

企业名称			发票号	
商品名称			H. S. 编码	
商品（FOB）总值（美元）			最终目的国/地区	
拟出运日期		转口国（地区）		

贸易方式和企业性质（请在适用处划"√"）					
□一般贸易		□三来一补		□其他贸易方式	
中资企业	外资企业	中资企业	外资企业	中资企业	外资企业

包装数量或毛重或其他数量		
证书种类（划"√"）	□一般原产地证明书	□加工装配证明书

现提交中国出口货物商业发票副本一份，一般原产地证明书、一般原产地证明书一正三副，以及其他附件两份，请予审核签证。

申请单位：　　　　　　　　　　　　　　　　　　　申领人（签名）

电话：

日期：年　月　日

图 4-12　一般原产地证书申请书

一般原产地证书

1. Exporter	Certificate No.
2. Consignee	**CERTIFICATE OF ORIGIN** **OF** **THE PEOPLE'S REPUBLIC OF** **CHINA**
3. Means of transport and route	5. For certifying authority use only
4. Country/region of destination	

6. Marks and numbers	7. Number and king of packages;	8. H. S. code	9. Quantity	10. Number and date of invoices

11. Declaration by the exporter 　The undersigned hereby declares that the above details and statements are correct; that all the goods were produced in china and that they comply with the rules of origin of the people's republic of china.	12. Certification 　It is hereby certified that the declaration by the exporter is correct.
Place and date, signature and stamp of certifying authority	Place and date, signature of authorized signatory

图 4-13　一般原产地证书

（四）评价方法

熟悉申领一般原产地证书的程序,能够正确填制一般原产地证书以及申请书。

项 目 小 结

依据合同和信用证的要求,如果由卖方办理订舱保险产地证,卖方应按照出口贸易中办理货物租船订舱的基本业务流程,正确填制订舱相关单证,办理订舱;按照出口货物运输保险的工作流程,正确填写投保单,办理保险;按照申请一般原产地证书的程序,正确填制一般原产地证书以及申请书,办理产地证。

项目 五 办理报检、报关、装运

实训目标

1. 了解出境货物报检流程和主要内容
2. 了解出口货物报关流程和主要内容
3. 熟悉出口货物装船程序
4. 掌握报检委托书、报关委托书的填制
5. 掌握报检单、报关单的填制
6. 掌握装船通知的缮制

业务导入

河南豫达国际贸易有限责任公司办理投保完毕后,按合同规定,在货物装运前自行办理或委托国际货运代理公司办理出境报检、报关手续。出口货物经海关放行后,船公司安排装运。装船后,河南豫达贸易有限责任公司向进口商发出装运通知。

操作流程

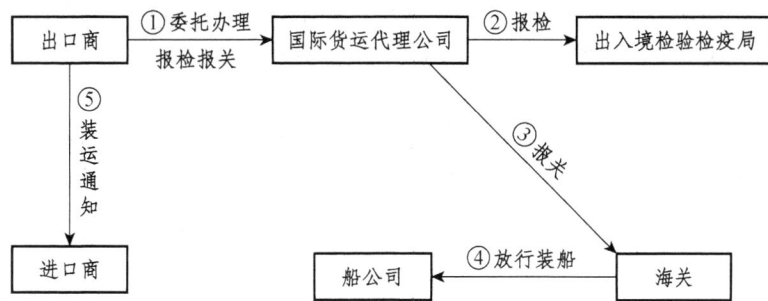

因此,按操作程序分解为以下三个任务:

(1) 办理出口报检手续。

(2) 办理出口报关手续。

(3) 发送装运通知。

任务一 办理出口报检手续

一、知识要点

（一）操作流程

办理出口报检手续操作流程如图 5-1 所示。

图 5-1 办理出口报检手续操作流程

（二）知识要点

属于我国法律规定必须经中国出入境检验检疫局进行检验检疫的商品，只有取得出入境检验检疫局签发的出境货物通关单后海关才予以放行。

出口企业首先确定出口商品是否属于国家法律规定需要进行检验检疫的商品，若为法检商品，需要准备报检所需的合同、信用证、商业发票、装箱单等相关单证，由本公司报检员或委托国际货运代理公司(报检公司)向出入境检验检疫局进行报检。流程如下。

1. 自理或委托报检

有自主报检权的出口企业可由本公司报检员自行报检，先在网上进行申报，再到商检局现场报送相关纸质材料，不需要填写报检委托书。无自主报检权的出口企业或有报检权但非自行申报的，可委托国际货运代理公司或报检公司代为向出入境检验检疫局报检，需要填写代理报检委托书。

2. 报检

出口企业报检员或国际货运代理公司(报检公司)报检员向出入境检验检疫局进行报检。首先通过电子口岸进行网上预录入，电子审核通过后，打印纸质报检单加盖报检单位报检专用章及公司公章向出入境检验检疫局进行现场报检。现场报检需要提供报检单及合同、信用证、商业发票、装箱单等相关单据。

3. 签发证书

出口企业或国际货运代理公司(报检公司)向出入境检验检疫局申报商检后，配合商检局要求进行检验检疫，由出入境检验检疫局根据商检结果签发相应证书。

产地和报关地一致的，检验检疫合格后，由出入境检验检疫局签发出境货物通关单，出口企业凭以报关。若申请人申请有其他检验检疫证书的，出入境检验检疫局一并出具。检验检疫不合格的，出入境检验检疫局签发出境货物不合格通知单。

二、操作实例

（一）业务背景资料

按项目二中签订的外销合同，需要提供品质证书。另外，经查询，出口商品为：网球鞋，海关监管条件为 B(出境货物通关单)。因此，河南豫达国际贸易有限责任公司提供合同、信用证、发票、装箱单等有关单据委托河南责邦国际货运代理公司在天津出入境检验检疫局代为办理报检业务，并要求当地出入境检验检疫局出具品质证书及出境货物通关单。

（二）实例操作

1. 填制代理报检委托书

河南豫达国际贸易有限责任公司根据合同和信用证内容填制代理报检委托书,委托河南责邦国际货运代理公司代办报检手续,代理报检委托书如图 5-2 所示。

代理报检委托书

编号:××××

天津出入境检验检疫局:

本委托人(备案号/组织机构代码×××××)保证遵守国家有关检验检疫法律、法规的规定,保证所提供的委托报检事项真实、单货相符。否则,愿承担相关法律责任。具体委托情况如下。

本委托人将于2015年4月间进口/出口如下货物:

品 名	网球鞋	HS 编码	6404.1100
数(重)量	5 000 双	合同号	ZK8907-SH685
信用证	0068 LC 135256	审批文件号	
其他特殊要求	/		

特委托河南责邦国际货运代理公司(代理报检注册登记号4109932456),代表本委托人办理上述货物的下列出入境检验检疫事宜:

☑ 1. 办理报检手续;

☐ 2. 代缴纳检验检疫费;

☑ 3. 联系和配合检验检疫机构实施检验检疫;

☑ 4. 领取检验检疫证单;

☐ 5. 其他与报检有关的相关事宜_____。

联 系 人:×××

联系电话:×××

本委托书有效期至2015年5月30日

委托人(加盖公章):河南豫达国际贸易有限责任公司

2015 年 4 月 1 日

受托人确认声明

本企业完全接受本委托书。保证履行以下职责:

1. 对委托人提供的货物情况和单证的真实性、完整性进行核实;

2. 根据检验检疫有关法律法规规定办理上述货物的检验检疫事宜;

3. 及时将办结检验检疫手续的有关委托内容的单证、文件移交委托人或其指定的人员;

4. 如实告知委托人检验检疫部门对货物的后续检验检疫及监管要求。

如在委托事项中发生违法或违规行为,愿承担相关法律和行政责任。

联 系 人:×××

联系电话:×××

受托人(加盖公章):河南责邦国际货运代理公司

2015 年 4 月 1 日

图 5-2　代理报检委托书

2. 填制出境货物报检单

河南责邦国际货运代理公司根据河南豫达国际贸易有限责任公司提供的合同、信用证、发票、装箱单、代理报检委托书等单据，填制出境货物报检单，如图 5-3 所示。

中华人民共和国出入境检验检疫
出境货物报检单

报检单位(加盖公章):河南责邦国际货运代理公司   * 编号:×××××

报检单位登记号:4109932456   联系人:×××   电话:×××   报检日期:2015 年 4 月 2 日

发货人	(中文)河南豫达国际贸易有限责任公司					
	(外文)HENAN YUDA INTERNATIONAL TRADING CO.，LTD.					
收货人	(中文)					
	(外文)SUN TRADE CORP.，LTD.					
货物名称(中/外文)	H.S.编码	产地	数/重量	货物总值	包装种类及数量	
网球鞋 TENNIS SHOES	6404.1100	郑州	5 000 双	66 650 美元	250 箱	
运输工具名称号码	XINXING V.088	贸易方式	一般贸易	货物存放地点	×××	
合同号	ZK8907-SH685	信用证号	0068LC135256		用途	其他
发货日期	20150425	输往国家(地区)	美国	许可证/审批号		
启运地	天津	到达口岸	纽瓦克	生产单位注册	××××	

集装箱规格、数量及号码		
合同、信用证订立的检验检疫条款或特殊要求	标记及号码	随附单据(划"√"或补填)
按合同要求检验	SUN TRADE NO.1-250	☑合同 ☐包装性能结果单 ☑信用证 ☐许可/审批文件 ☑发票 ☐ ☐换证凭单 ☐ ☑装箱单 ☐ ☐厂检单 ☐

需要证单名称(划"√"或补填)		* 检验检疫费	
☑品质证书 一 正 两 副		总金额 (人民币)	
☐重量证书 正 副			
☐数量证书 正 副		计费人	
☐兽医卫生证书 正 副		收费人	
☐健康证书 正 副			
☐卫生证书 正 副			
☐动物卫生证书 正 副			

报检人郑重声明: 1. 本人被授权报检 2. 上列填写内容正确属实,货物无伪造或冒用他人的厂名、标志、认证标志,并承担货物质量责任 签名×××	领取证单	
	日期	
	签名	

注:有"*"号栏由出入境检验检疫机关填写。   ◆国家出入境检验检疫局制

[1-2(2015.1.1)*1]

图 5-3 出境货物报检单

3. 签发出境货物通关单和品质证书

出入境检验检疫局受理报检后,进行检验检疫,符合规定的签发出境货物通关单(见图 5-4)和品质证书(见图 5-5)。

中华人民共和国出入境检验检疫
出境货物通关单

编号:

1. 发货人 河南豫达国际贸易有限责任公司 HENAN YUDA INTERNATIONAL TRADING CO.,LTD			5. 标记及号码 SUN NEWARK NO. 1-250	
2. 收货人 SUN TRADE CORP.,LTD.				
3. 合同/信用证号 ZK8907-SH685	4. 输往国家或地区 美国			
6. 运输工具名称及号码 XINXING V.088	7. 发货日期 20150425		8. 集装箱规格及数量	
9. 货物名称及规格 网球鞋 橡胶底,30%合成革, 70%网布	10. H.S. 编码 6404.1100	11. 申报总值 66 650 美元	12. 数量/重量、包装数量及种类 5 000 双,250 纸箱	
13. 证明 　　　　上述货物业经检验检疫,请海关予以放行。 　　　　本通关单有效期至 **2015 年 6 月 7 日** 　　　　　　　　　　　　　　签字:×××　　　　　日期:2015 年 4 月 7 日				
14. 备注 				

图 5-4　入境货物通关单样单

中华人民共和国出入境检验检疫
ENTRY-EXIT INSPECTION AND QUARANTINE
OF THE PEOPLE'S REPUBLIC OF CHINA

正本
ORIGINAL

品 质 证 书
QUALITY CERTIFICATE

编号　No.：××××

发货人
Consignor　　HENAN YUDA INTERNATIONAL TRADING CO. ,LTD.

收货人
Consignee　　SUN TRADE CORP. , LTD.

品名 Description of Goods　TENNIS	标记及号码 Marks & No.:
报检数量/重量 Quantity/Weight Declared　5 000 PAIRS	SUN NEWARK NO. 1-250

包装种类及数量
Number and Type of Packages　　250 CARTONS

运输工具
Means of Conveyance　　BY SEA

发货日期　　　　　　　　　　　　　　　　　到达国家及地区
Date of Dispatch APR. 25，2015 Country and Place of Destination NEWARK，USA

检验结果：
RESULTS OF INSPECTION：
THE GOODS ARE THE INSPECTED ITEMS ARE UP TO
THE REQUIREMENT OF THE STANDARD.
L/C NO.：0068LC135256

发证地点 Place of Issue　TIANJIN, CHINA　签证日期 Date of Issue　APR. 7, 2015

Official Stamp

授权签字人 Authorized Officer　ZHANG QIAN　签名 Signature _____

图 5-5　品质证书

三、实训操作练习

(一) 业务背景

郑州凡科进出口公司委托河南速达国际货运代理公司办理出口货物报检手续,提供代理报检委托书并随附合同、信用证、发票、装箱单等相关单据。

(二) 业务资料

根据合同、信用证、发票、装箱单等单据上显示的信息,相关业务资料如下:

进口商:法国 ADD 有限责任公司

合同号:FK14031201

信用证号:FC12345678

货物名称:男式全棉灯芯绒休闲西服上装

H. S. 编码:6203.3200

监管条件:B

单价:USD 50.00 CIF MARSEILL PER PIECE

数量及包装:3 000 件,每件装入一个西服专用袋,15 件不同尺码的装入一个纸箱

启运地:中国郑州

目的地:法国马赛

出口海关:郑州海关

装运日期:2015 年 9 月份前

运输工具名称及号码:CZ3619

委托代理内容:代办报检手续,配合验货,领取检验证书

河南速达国际货运代理公司注册登记号:4109912345

(三) 实训要求

根据以上资料正确填制代理报检委托书(见图 5-6)、出境货物报检单(见图 5-7)。

1. 代理报检委托书

<h1 style="text-align:center">代理报检委托书</h1>

编号:

_____出入境检验检疫局:

本委托人(备案号/组织机构代码_____)保证遵守国家有关检验检疫法律、法规的规定,保证所提供的委托报检事项真实、单货相符。否则,愿承担相关法律责任。具体委托情况如下:

本委托人将于_____年_____月间进口/出口如下货物:

品　名		H. S. 编码	
数(重)量		包装情况	
信用证/合同号		许可文件号	
进口货物收货单位及地址		进口货物提/运单号	
其他特殊要求			

特委托_____(代理报检注册登记号_____),代表本委托人办理上述货物的下列出入境检验检疫事宜:

□ 1. 办理报检手续;

□ 2. 代缴纳检验检疫费;

□ 3. 联系和配合检验检疫机构实施检验检疫;

□ 4. 领取检验检疫证单;

□ 5. 其他与报检有关的相关事宜:_____。

联 系 人:_____

联系电话:_____

本委托书有效期至____年____月____日　　　　　　　委托人(加盖公章)

　　　　　　　　　　　　　　　　　　　　　　　　　　　年　月　日

<h2 style="text-align:center">受托人确认声明</h2>

本企业完全接受本委托书。保证履行以下职责:

1. 对委托人提供的货物情况和单证的真实性、完整性进行核实;

2. 根据检验检疫有关法律法规规定办理上述货物的检验检疫事宜；

3. 及时将办结检验检疫手续的有关委托内容的单证、文件移交委托人或其指定的人员；

4. 如实告知委托人检验检疫部门对货物的后续检验检疫及监管要求。

如在委托事项中发生违法或违规行为,愿承担相关法律和行政责任。

联 系 人：_____

联系电话：_____

受托人(加盖公章)

年 月 日

图 5-6 代理报检委托书

2. 出境货物报检单

中华人民共和国出入境检验检疫
出境货物报检单

报检单位(加盖公章)：   * 编号：_____

报检单位登记号：   联系人：   电话：   报检日期： 年 月 日

发货人	(中文)	
	(外文)	
收货人	(中文)	
	(外文)	

货物名称(中/外文)	H.S.编码	产地	数/重量	货物总值	包装种类及数量

运输工具名称号码		贸易方式		货物存放地点	
合同号		信用证号		用途	
发货日期		输往国家(地区)		许可证/审批号	
启运地		到达口岸		生产单位注册	

集装箱规格、数量及号码

合同、信用证订立的检验检疫条款或特殊要求	标记及号码	随附单据(划"√"或补填)	
		□合同	□包装性能结果单
		□信用证	□许可/审批文件
		□发票	□
		□换证凭单	□
		□装箱单	□
		□厂检单	□

需要证单名称(划"√"或补填)			* 检验检疫费	
□品质证书	正	副	总金额(人民币)	
□重量证书	正	副		
□数量证书	正	副	计费人	
□兽医卫生证书	正	副	收费人	
□健康证书	正	副		
□卫生证书	正	副		
□动物卫生证书	正	副		

报检人郑重声明： 1. 本人被授权报检 2. 上列填写内容正确属实，货物无伪造或冒用他人的厂名、标志、认证标志的情况，并愿意承担货物质量责任 签名_____	领取证单	
	日期	
	签名	

注：有"＊"号栏由出入境检验检疫机关填写   ◆国家出入境检验检疫局制
                                 [1-2(2015.1.1)＊1]

图 5-7　出境货物报检单

（四）评价方法

能够准确说出报检流程，并能正确准备并填写代理报检委托书、出境货物报检单。

任务二　办理出口报关手续

一、知识要点

（一）操作流程

办理出口报关手续操作流程如图 5-8 所示。

图 5-8　办理出口报关手续操作流程

（二）知识要点

根据《中华人民共和国海关法》的规定，除特殊规定外，出口货物应在货物运抵海关监管区后，装货的 24 小时以前办理报关手续。在海关备案的有进出口经营权的企业可以自理报关，未在海关备案的外贸企业可以委托报关企业代为办理报关手续。通关流程如下所述。

1. 自理或委托报关

在自理报关情况下，外贸公司报关员根据合同、发票、装箱单等单据内容，通过电子口岸填写电子报关单进行电子申报。委托报关企业代为向海关办理报关业务的出口企业，应填写代理报关委托书，并提供合同、发票、装箱单等相关单证，由报关企业填写报关单向海关申报。

2. 报关

目前，我国大多数口岸海关均实行电子申报与现场申报相结合的方式，即进出口企业或报关企业通过电子口岸系统填制电子报关单进行电子申报，海关电子审核通过后，进出口企业或报关企业再到口岸海关提交纸质报关单及合同、发票、装箱单等相关单证进行现场申报。为提高通关效率，促进我国对外贸易发展，我国海关正在全国各口岸海关推进无纸化通关改革。

3. 查验放行

海关接受申报后，为确定货物实际情况与报关单申报内容是否相符，或确定商品原产地、归类、价格等情况，要依法对货物进行核查，进出口企业或报关企业应配合海关查验。同时，海关根据《中华人民共和国进出口税则》的规定，对于需要缴税的货物开具税款缴款书，出口企业按规定时间缴纳税费后，报请海关办理货物放行手续。出口企业或其代理人凭盖有海关放行章的出口装货单到海关监管区办理货物装运手续。目前，我国为鼓励出口贸易，对于绝大部分货物不征收出口关税。

二、操作实例

(一)业务背景资料

河南豫达国际贸易有限责任公司委托河南责邦国际货运代理公司代为办理报关业务,并向其提供合同、发票、装箱单等有关单据。

(二)实例操作

1. 填制代理报关委托书

河南豫达国际贸易有限责任公司填制代理报关委托书,委托河南责邦国际货运代理公司代办报关手续。代理报关委托书和委托报关协议分别如图 5-9、图 5-10 所示。

代理报关委托书

编号:☐☐☐☐☐☐☐☐☐☐☐☐

我单位现(A. 逐票、B. 长期)委托贵公司代理 A、C 等通关事宜。(A. 报关查验、B. 垫缴税款、C. 办理海关证明联、D. 审批手册、E. 核销手册、F. 申办减免税手续、G. 其他)详见《委托报关协议》。

我单位保证遵守《海关法》和国家有关法律、法规,保证所提供的情况真实、完整、单货相符。否则,愿承担相关法律责任。

本委托书有效期自签字之日起至 2015 年 7 月 30 日止。

委托方(盖章):河南豫达国际贸易有限责任公司

法定代表人或其授权签署《代理报关委托书》的人(签字)

2015 年 4 月 8 日

图 5-9 代理报关委托书

委 托 报 关 协 议

为明确委托报关具体事项和各自责任,双方经平等协商签订协议如下:

委托方	河南豫达国际贸易有限责任公司	被委托方	河南责邦国际货运代理公司		
主要货物名称	网球鞋	*报关单编码	No. ××××××××		
H. S. 编码	6404.1100	收到单证日期	2015 年 4 月 8 日		
进出口日期	2015 年 4 月 25 日	收到单证情况	合同 ☑	发票 ☑	
提单号	JY-HSNBL05		装箱清单 ☑	提(运)单 ☐	
贸易方式	一般贸易		加工贸易手册 ☐	许可证件 ☐	
原产地/货源地	中国		其他		
传真电话	86-371-85305222	报关收费	人民币:150 元		
其他要求:		承诺说明:			
背面所列通用条款是本协议不可分割的一部分,对本协议的签署构成了对背面通用条款的同意。		背面所列通用条款是本协议不可分割的一部分,对本协议的签署构成了对背面通用条款的同意。			
委托方业务签章:		被委托方业务签章:			
经办人签章:×××		经办报关员签章:×××			
联系电话: 2015 年 4 月 8 日		联系电话: 2015 年 4 月 8 日			

(白联:海关留存、黄联:被委托方留存、红联:委托方留存)　　　　　　中国报关协会监制

图 5-10 委托报关协议

2. 填制出口货物报关单

河南责邦国际货运代理公司根据河南豫达国际贸易有限责任公司提供的合同、发票、装箱单等单据填制出口货物报关单,电子审核通过后,打印纸质出口货物报关单如图 5-11 所示向海关进行现场申报。

中华人民共和国出口货物报关单

预录入编号:　　　　　　　　　　　　海关编号:

出口口岸 天津海关		备案号		出口日期	申报日期
经营单位 河南豫达国际贸易有限责任公司(×××××)		运输方式 水上运输	运输工具名称 0068LC135256		提运单号 JY-HSNBL05
发货单位 河南豫达国际贸易有限责任公司(×××××)		贸易方式 一般贸易	征免性质 一般征税		结汇方式 信用证
许可证号	运抵国(地区) 美国		指运港 纽瓦克		境内货源地 郑州(×××××)
批准文号	成交方式 CIF	运费		保费	杂费
合同协议号 ZK8907-SH685	件数 250	包装种类 纸箱		毛重(公斤) 6 250	净重(公斤) 5 500
集装箱号	随附单据			生产厂家	

标记唛码及备注
SUN
NEWARK
NO. 1-250

项号	商品编号	商品名称、规格型号	数量及单位	最终目的国(地区)	单价	总价	币制	征免
01	6109.9010	网球鞋	6 250 千克	美国	13.33	66 650	美元	照章征税
		30%合成革70%网布	5 000 双					

税费征收情况

录入员　　　录入单位	兹声明以上申报无讹并承担法律责任	海关审单批注及放行日期(签章)	
		审单	审价
报关员××× 　　　　　　　申报单位(签章)		征税	统计
单位地址		查验	放行
邮编　　　　电话　　　　填制日期			

图 5-11　出口货物报关单

3. 海关放行

海关查验无误后在出口货物报关单上盖放行章。

三、实训操作练习

(一)业务背景

郑州凡科进出口公司委托河南速达国际货运代理公司办理出口货物报关手续,向其提交代理报关委托书及合同、发票、装箱单等相关单据。

(二)业务资料

根据合同、发票、装箱单等单据上显示的信息,相关业务资料如下:

进口商:法国 ADD 有限责任公司

合同号:FK 14031201

提单号:ALK 29817303

货物名称:男式全棉灯芯绒休闲西服上装

H. S. 编码:6203.3200

单价:USD 50.00 CIF MARSEILL PER PIECE

数量及包装:3 000 件,每件装入一个西服专用袋,15 件不同尺码的装入一个纸箱

重量体积:GW:9 000 KG MEASUREMENT:15.24M³

启运地:上海

目的地:马赛

出口海关:浦江海关 2201

装运日期:2014 年 2 月 12 日

运输工具名称及号码:DAYANG V. 231W

委托代理内容:逐票委托办理申报、辅助查验和海关证明联

结算方式:即期付款交单

(三)实训要求

根据以上资料,填制代理报关委托书(见图 5-12)和出口货物报关单(见图 5-13)。

1. 代理报关委托书

代理报关委托书

编号:□□□□□□□□□□□□

我单位现(A. 逐票、B. 长期)委托贵公司代理 A、C 等通关事宜。(A. 报关查验、B. 垫缴税款、C. 办理海关证明联、D. 审批手册、E. 核销手册、F. 申办减免税手续、G. 其他)详见《委托报关协议》。

我单位保证遵守《海关法》和国家有关法律、法规,保证所提供的情况真实、完整、单货相符。否则,愿承担相关法律责任。

本委托书有效期自签字之日起至　　年　　月　　日止。

委托方(盖章):

法定代表人或其授权签署《代理报关委托书》的人(签字)

年　月　日

委托报关协议

为明确委托报关具体事项和各自责任,双方经平等协商签订协议如下:

委托方		被委托方	
主要货物名称		*报关单编码	No.
H. S. 编码	□□□□□□□□□□	收到单证日期	年 月 日
进出口日期	年 月 日	收到单证情况	合同 □ 发票 □
提单号			装箱清单 □ 提(运)单 □
贸易方式			加工贸易手册□ 许可证件 □
原产地/货源地			其他
传真电话		报关收费	人民币: 元
其他要求:		承诺说明:	
背面所列通用条款是本协议不可分割的一部分,对本协议的签署构成了对背面通用条款的同意。		背面所列通用条款是本协议不可分割的一部分,对本协议的签署构成了对背面通用条款的同意。	
委托方业务签章: 经办人签章: 联系电话: 年 月 日		被委托方业务签章: 经办报关员签章: 联系电话: 年 月 日	

(白联:海关留存,黄联:被委托方留存,红联:委托方留存)　　　　　　中国报关协会监制

图 5-12　代理报关委托书

2. 出口货物报关单

中华人民共和国出口货物报关单

预录入编号:　　　　　　　　　　海关编号:

出口口岸			备案号		出口日期		申报日期	
经营单位			运输方式		运输工具名称		提运单号	
发货单位			贸易方式		征免性质		结汇方式	
许可证号		运抵国(地区)		指运港		境内货源地		
批准文号		成交方式		运费		保费		杂费
合同协议号		件数		包装种类		毛重(公斤)		净重(公斤)
集装箱号		随附单据				生产厂家		
标记唛码及备注								

项号	商品编号	商品名称、规格型号	数量及单位	最终目的国(地区)	单价	总价	币制	征免

税费征收情况

录入员 录入单位	兹声明以上申报无讹并承担法律责任	海关审单批注及放行日期(签章)	
		审单	审价
报关员	申报单位(签章)	征税	统计
单位地址 邮编		查验	放行
电话 填制日期			

图 5-13　出口货物报关单

（四）评价方法

能够准确阐述一般货物的出口报关流程，并准确填写代理报关委托书和出口货物报关单。

任务三　发送装运通知

一、知识要点

（一）操作流程

发送装运通知操作流程如图 5-14 所示。

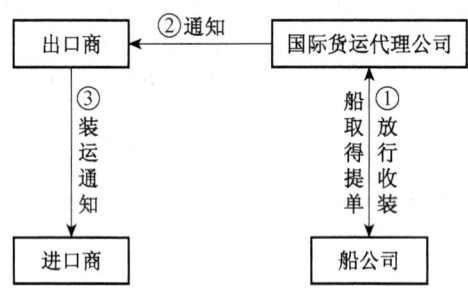

图 5-14　发送装运通知操作流程

（二）知识要点

国际货运代理公司收到海关放行通知后，凭盖有放行章的场站收据到船公司要求装船。船公司装船后，签发提单。国际货运代理公司将提单转交出口商。按《2010 年国际贸易术语解释通则》（以下简称《2010 通则》）规定，CFR 术语下，装船后出口商应及时通知进口商，以便进口商办理运输的保险手续，因出口商未及时通知进口商而造成的货物损失，由出口商承担。对于其他贸易术语是否要及时发出装运通知，《2010 通则》中没有明确规定，但本着长期友好合作原则，货物装船后，出口商应及时通知进口商，以便进口商做好接收货物等准备。

装运通知的格式和内容没有统一要求，通常包括：货物名称、数量、船名、航次、提单号、装船日期、装运港、目的港、预计到达日期等内容。

二、操作实例

（一）业务背景资料

河南豫达国际贸易有限责任公司收到 SUN 贸易公司开来的信用证中规定："SHIPMENT ADVICE WITH FULL DETAILS INCLUDING SHIPPING MARKS, VESSEL'S NAME, SHIPMENT DATE, B/L NUMBER, QUANTITY OF GOODS MUST BE SENT ON THE DATE OF SHIPMENT TO US."出口货物于 2015 年 4 月 25 日装运后，船公司于当天签发海运提单如图 5-15 所示，河南豫达国际贸易有限责任公司通过传真及时告知进口商货物运输信息。

1. Shipper Insert Name, Address and Phone	B/L No.
HENAN YUDA INTERNATIONAL TRADING CO., LTD.	CO8735279

中远集装箱运输有限公司
COSCO CONTAINER LINES

ORIGINAL

Port-to-Port or Combined Transport

BILL OF LADING

2. Consignee Insert Name, Address and Phone

TO THE ORDER OF SHIPPER

3. Notify Party Insert Name, Address and Phone
(It is agreed that no responsibility shall attach to the Carrier or his agents for failure to notify)

SUN TRADE CORP., LTD. TO ORDER 922FRELING-HUYSEN AVENUE, NEWARK, NJ, USA

RECEIVED in external apparent good order and condition except as otherwise noted. The total number of packages or unites stuffed in the container, The description of the goods and the weights shown in this Bill of Lading are Furnished by the Merchants, and which the carrier has no reasonable means of checking and is not a part of this Bill of Lading contract. The carrier has Issued the number of Bills of Lading stated below, all of this tenor and date, One of the original Bills of Lading must be surrendered and endorsed or signed against the delivery of the shipment and whereupon any other original Bills of Lading shall be void. The Merchants agree to be bound by the terms and conditions of this Bill of Lading as if each had personally signed this Bill of Lading.

SEE clause 4 on the back of this Bill of Lading (Terms continued on the back Hereof, please read carefully).

* Applicable Only When Document Used as a Combined Transport Bill of Lading.

4. Combined Transport* Pre-carriage by	5. Combined Transport* Place of Receipt
6. Ocean Vessel Voy. No. XINXING V. 088	7. Port of Loading TIANJIN, CHINA
8. Port of Discharge NEWARK, USA	9. Combined Transport* Place of Delivery

Marks & Nos. Container/Seal No.	No. of Containers or Packages	Description of Goods (If Dangerous Goods, See Clause 20)	Gross Weight Kgs	Measurement
SUN NEWARK NO. 1-250	250 CARTONS	TENNIS SHOES SHIPPED ON BOARD APR. 25, 2015	6 250KGS	10M³
		Description of Contents for Shipper's Use Only (Not part of This B/L Contract)		

10. Total Number of containers and/or packages (in words)
SAY TOTAL TWO HUNDRED AND FIFTY CARTONS ONLY

11. Freight & Charges	Revenue Tons	Rate	Per	Prepaid	Collect
Ex. Rate:	Prepaid at TIANJIN	Payable at		Place and date of issue TIANJIN ARP. 25,2015	
	Total Prepaid USD 1 200. 00	No. of Original B(s)/L THREE(3)		Signed for the Carrier, COSCO CONTAINER LINES	

LADEN ON BOARD THE VESSEL
DATE APR. 25, 2015 BY COSCO CONTAINER LINES

图 5-15　提单

（二）实例操作

河南豫达国际贸易有限责任公司根据海运提单内容缮制装运通知如图5-16所示。

HENAN YUDA INTERNATIONAL TRADING CO. , LTD.
ZHENGKAI ROAD NO. 6 , ZHENGZHOU HENAN CHINA
SHIPPING ADVICE

TO：SUN TRADE CORP. , LTD   DATE：ARP. 26, 2015
    922 FRELINGHUYSEN AVENUE,   S/C NO.：ZK8907-SH685
    NEWARK, NJ, USA   INV NO.：YD13031501
                             L/C NO.：0068LC135256

DEAR SIRS：
  WE HEREBY INFORM YOU THAT THE GOODS UNDER THE ABOVE MENTIONED INVOICE HAVE BEEN SHIPPED. THE DETAILS OF THE SHIPPMENTS ARE AS FELLOWS：
COMMODITY：TENNIS SHOES AS PER S/C NO. ZK8907-SH685

QUANTITY：5 000 PAIRS

PACKAGE：250 CARTONS

SHIPPING MARKS：SUN

              NEWARK

              NO. 1-250

B/L NO.：CO8735279

VESSEL'S NAME：XINXING V. 088

PORT OF LOADING：TIANJIN, CHINA

PORT OF DESTINATION：NEWARK, USA

DATE OF SHIPPMENT：APR. 25，2015

                    HENAN YUDA INTERNATIONAL TRADING CO. LTD.
                                      ×××

图 5-16　装运通知

三、实训操作练习

（一）业务背景

郑州凡科进出口公司向英国 TREE 进出口有限公司出口的货物海关查验放行后，由船公司安排装运，货物装船完毕后船公司签发了海运提单。郑州凡科进出口公司在收到提单后向英国TREE 进出口有限公司发出装运通知，及时告知货物运输信息。

（二）业务资料

根据合同、信用证、发票、装箱单、提单等单据上显示的信息，相关业务资料如下：

进口商：英国 TREE 进出口有限公司

合同号：FK14050612

信用证号：EL3782680

货物名称：WELDING MACHINES

单价：USD 18 000.00 CIF LONDON PER SET

数量及包装：8 SET USED 16 PALLETS

重量体积：GW：16 000KG   NW：156 000KG   MEASUREMENT：24. 82M^3

启运地：上海

目的地：伦敦

开航日期：2015 年 9 月 26 日

运输工具名称及号码：BRIDE V. 123W

提单号：KKLUUS 0681814

（三）实训要求

根据以上资料缮制装运通知。

_____

_____

SHIPPING ADVICE

TO：_____   INV NO. ：_____

_____   S/C NO. ：_____

_____   L/C NO. ：_____

                                      DATE：_____

DEAR SIRS：

WE HEREBY INFORM YOU THAT THE GOODS UNDER THE ABOVE MENTIONED INVOICE HAVE BEEN SHIPPED. THE DETAILS OF THE SHIPPMENTS ARE AS FELLOWS：

                                      _____

                                      _____

（四）评价方法

根据不同贸易术语掌握发送装运通知的时间，并正确缮制装运通知。

项 目 小 结

本项目主要介绍出口贸易中货物报检、报关以及装运通知的实际操作业务。我国法律规定货物需要"先报检、再报关"，因此，属于需要商检的货物应先由贸易公司或委托报检公司办理商检手续，再由贸易公司或委托报关公司向海关办理报关手续，海关放行货物装运后，由出口商向进口商发出装运通知。出口货物的报检报关要遵循单货一致的原则。

项目 六 办理结汇和退税

实训目标

1. 掌握出口结汇及退税的程序和要求
2. 能够正确准备出口结汇及退税的单证
3. 掌握汇票的填制
4. 熟悉我国核销制度和出口退税的条件

业务导入

河南豫达国际贸易有限责任公司收到提单并发出装运通知后,按照合同和信用证规定,准备全套要求交付单证到银行进行交单结汇。收到货款后,凭相关单证到国家税务局办理出口货物退税手续。

操作流程

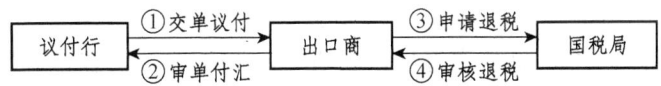

因此,按操作程序分解为以下两个任务:

(1) 办理出口结汇手续。

(2) 办理出口退税手续。

任务一　办理出口结汇手续

一、知识要点

(一) 操作流程

办理出口结汇手续操作流程如图 6-1 所示。

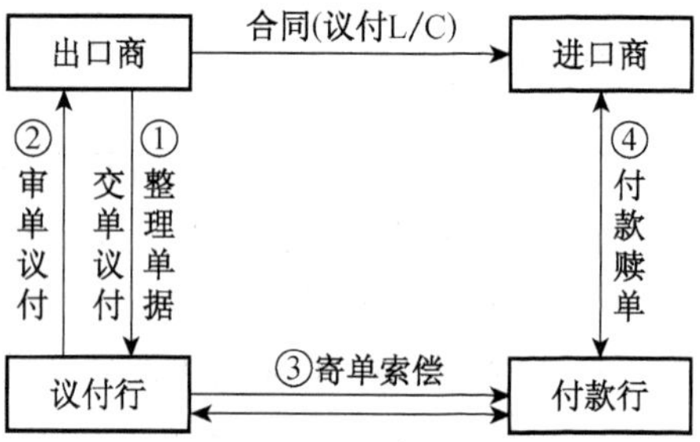

(二) 知识要点

出口企业在出口货物装船后开始进行整理、缮制、审核合同或信用证要求结汇的单证,准备交单结汇。具体内容如下。

图 6-1　办理出口结汇手续操作流程

1. 整理单据

结汇单证是在国际结算中使用的各类单证、证书和文件。分为自制单证、官方单证等。自制单证主要包括:发票、装箱单、装船通知、汇票等。官方单证主要有:原产地证书、商品检验证书、提单、保险单等。其中,发票和装箱单是所有单证制作的基础,也是履行合同进行订舱、投保、报检、报关等各环节必须提供的单证,因此,在开始履行合同时,应根据合同或信用证的要求首先缮制。

出口企业要按照合同或信用证要求整理确定结汇单证的种类、份数和缮制内容。

2. 填制汇票

汇票是国际结算中常用的结算工具。通常一式两份,一份付讫后另一份自动失效。外销合同采用的国际结算方式不同,汇票的出票人也不同,一般分为由出口商出具的汇票即商业汇票和由银行出具的汇票即银行汇票。出口企业缮制商业汇票或取得银行汇票,核对汇票的当事人、金额等信息无误后,与合同或信用证要求的其他单证一起向银行办理结汇。

3. 交单议付

以议付信用证为例,出口企业按信用证要求在规定议付期间内,向议付行提交符合要求的结汇单据。

4. 银行付汇

信用证中议付行审核出口企业提交单证,确定"单单一致、单证一致"后向出口企业议付货款。议付行凭出口企业所交单据向信用证付款行寄单索汇,付款行再次审核单证无误后,向议付行付款。付款行向进口商发出付款赎单通知,进口商按规定付款后,付款行将单据交予进口商。进口商凭单据提取货物,办理其他进口事宜。

二、操作实例

(一) 业务背景资料

河南豫达国际贸易有限责任公司将出口货物装船并发出装运通知后,按信用证要求整理相关单证,并缮制汇票,向议付行进行议付。

(二) 实例操作

1. 整理单证

根据信用证规定,应提交的议付单证有以下一些。

1）商业发票

商业发票如图 6-2 所示。

HENAN YUDA INTERNATIONAL TRADING CO. ,LTD.
ZHENGKAI ROAD NO. 6，ZHENGZHOU，HENAN，CHINA
TEL：86-371-85305222　　　　　　FAX：86-371-85305221

COMMERCIAL INVOICE

TO：SUN TRADE CORP. , LTD.　　　　　INVOICE NO. ：YD13031501
　922 FRELINGHUYSEN AVENUE, NEWARK, NJ　　INVOICE DATE：2015. 04. 04
　TEL：1-973-2421234　　　　　　　　S/C NO. ：ZK8907-SH685
　　　　　　　　　　　　　　　　　L/C NO. ：0068LC135256

FROMTIANJIN, CHINA TO NEWARK, USA BY SEA

MARKS & NOS.	DECRIPTION OF GOODS	QUANTITY (PC)	UNIT PRICE (USD)	AMOUNT (USD)
SUN NEWARK NO. 1-250	TENNIES	5 000	CIF NEWARK 13. 33	66 650. 00
TOTAL：		5 000		66 650. 00

TOTAL AMOUNT IN WORDS：SAY U. S. DOLLARS SIXTY SIX THOUSAND SIX HUNDRED AND FIFTY ONLY.

WE HEREBY CERTIFY THAT THE GOODS ARE OF CHINESE ORIGIN.

　　　　　　　　　　　　　HENAN YUDA INTERNATIONAL TRADING CO. ,LTD.
　　　　　　　　　　　　　　　　　　　　　　　　SUN QI

图 6-2　商业发票

2）装箱单

装箱单如图 6-3 所示。

HENAN YUDA INTERNATIONAL TRADING CO. ,LTD.
ZHENGKAI ROAD NO. 6，ZHENGZHOU，HENAN，CHINA
TEL：86-371-85305222　　　　　　FAX：86-371-85305221

PACKING LIST

TO：SUN TRADE CORP. , LTD.　　　　　INVOICE NO. ：YD13031501
　922 FRELINGHUYSEN AVENUE, NEWARK, NJ　　INVOICE DATE：2015. 04. 04
　TEL：1-973-2421234　　　　　　　　S/C NO. ：ZK8907-SH685
　　　　　　　　　　　　　　　　　L/C NO. ：0068LC135256

FROM　TIANJIN, CHINA TO NEWARK, USA BY SEA

MARKS & NOS.	DECRIPTION OF GOODS	QUANTITY (PC)	G. W. (KGS)	N. W. (KGS)	MEAS. (CBM)
SUN NEWARK NO. 1-250	TENNIES	5 000	6 250	5 500	10
TOTAL：		5 000	6 250	5 500	10

PACKING：ONE PAIR PACKED TO A BOX, TWENTY BOXES TO A CARTON.
TOTAL PACKAGS IN WORDS：SAY TWO HUNDRED AND FIFTY CARTONS.

　　　　　　　　　　　　　HENAN YUDA INTERNATIONAL TRADING CO. ,LTD.
　　　　　　　　　　　　　　　　　　　　　　　　SUN QI

图 6-3　装箱单

3) 提单

提单如图 6-4 所示。

| 1. Shipper Insert Name, Address and Phone | B/L No. CO8735279 |

1. Shipper Insert Name, Address and Phone

HENAN YUDA INTERNATIONAL TRADING CO., LTD.

2. Consignee Insert Name, Address and Phone

TO THE ORDER OF SHIPPER

3. Notify Party Insert Name, Address and Phone
(It is agreed that no responsibility shall attach to the Carrier or his agents for failure to notify)

SUN TRADE CORP., LTD. TO ORDER 922FRELING-HUYSEN AVENUE, NEWARK, NJ, USA

中远集装箱运输有限公司
COSCO CONTAINER LINES

ORIGINAL

Port-to-Port or Combined Transport

BILL OF LADING

B/L No. CO8735279

RECEIVED in external apparent good order and condition except as otherwise noted. The total number of packages or unites stuffed in the container, The description of the goods and the weights shown in this Bill of Lading are Furnished by the Merchants, and which the carrier has no reasonable means of checking and is not a part of this Bill of Lading contract. The carrier has Issued the number of Bills of Lading stated below, all of this tenor and date, One of the original Bills of Lading must be surrendered and endorsed or signed against the delivery of the shipment and whereupon any other original Bills of Lading shall be void. The Merchants agree to be bound by the terms and conditions of this Bill of Lading as if each had personally signed this Bill of Lading.

SEE clause 4 on the back of this Bill of Lading (Terms continued on the back Hereof, please read carefully).

* Applicable Only When Document Used as a Combined Transport Bill of Lading.

4. Combined Transport* Pre-carriage by	5. Combined Transport* Place of Receipt
6. Ocean Vessel Voy. No. XINXING V. 088	7. Port of Loading TIANJIN, CHINA
8. Port of Discharge NEWARK, USA	9. Combined Transport* Place of Delivery

Marks & Nos. Container/Seal No.	No. of Containers or Packages	Description of Goods (If Dangerous Goods, See Clause 20) Gross Weight Kgs Measurement	Gross Weight Kgs	Measurement
SUN NEWARK NO. 1-250	250 CARTONS	TENNIS SHOES SHIPPED ON BOARD APR. 25, 2015	6250KGS	10M^3
		Description of Contents for Shipper's Use Only (Not part of This B/L Contract)		

10. Total Number of containers and/or packages (in words)
SAY TOTAL TWO HUNDRED AND FIFTY CARTONS ONLY

11. Freight & Charges	Revenue Tons	Rate	Per	Prepaid	Collect
Ex. Rate:	Prepaid at TIANJIN		Payable at		Place and date of issue TIANJIN ARP. 25, 2015
	Total Prepaid USD 1 200. 00		No. of Original B(s)/L THREE(3)		Signed for the Carrier, COSCO CONTAINER LINES

LADEN ON BOARD THE VESSEL
DATE APR. 25, 2015 BY COSCO CONTAINER LINES

图 6-4 提单

4）原产地证（见项目四中原产地证）

2. 缮制汇票

BILL OF EXCHANGE

凭   信用证

Drawn under   CITIBANK，NEWARK   L/C No.   0068LC135256

日期   按   息   付款

Dated   MAY. 04，2015   payable with interest @   % per annum

号码   汇票金额   中国，郑州   年   月   日

No.   YD13031501   Exchange for USD66650. 00 Zheng Zhou, China, DATE：

见票   日后（本汇票之副本未付）付交

At   ＊＊＊   sight of the FIRST of Exchange（Second of Exchange being unpaid）

Pay to the order of   CHINA BANK，ZHENGZHOU BRANCH   或其指定人金额

The sum of SAY U. S. DOLLARS SIXTY SIX THOUSAND SIX HUNDREDAND FIFTY ONLY.

此致

To： CITIBANK，NEWARK

‾‾‾‾‾‾‾‾‾‾‾‾‾‾‾‾‾‾‾‾‾‾

HENAN YUDA INTERNATIONAL TRADING CO. ,LTD.

3. 交单议付

将以上单证，在信用证规定的议付期内向议付行交单议付。

三、实训操作练习

（一）业务背景

郑州凡科进出口公司取得出口货物提单后，按信用证规定准备单证，进行交单议付。

（二）业务资料

FORM OF DOCUMENTARY CREDIT   ＊40A：IRREVOCABLE

DOCUMENTARY CREDIT NUMBER   ＊20：4972605873

DATE OF ISSUE   31C：150920

APPLICABLE RULE   ＊40E：UCP LATEST VERSION

DATE AND PLACE OF EXPIRY   ＊31D：DATE 151030 PLACE CHINA

APPLICANT   ＊50：LIGHT IMP & EXP TRADE CORP. , LTD.

                                      13DENNY ROAD, SEATTLE, WASHINGTON

                                      STATE,USA

BENEFICIARY   ＊59：HENAN YUDA INTERNATIONAL TRADING CO. ,LTD.

                      ZHENGKAI ROAD NO. 6，ZHENGZHOU HENAN CHINA

CURRENCY CODE AMOUNT   ＊32B：CURRENCY USD AMOUNT70400. 00

AVAILABLE WITH/BY…   ＊41D：ADVISING BANK BY NEGOTIATION

DRAFT AT   42C：SIGTH

DRAWEE   42A：CITIBANK,SEATTLE

PARTIAL SHIPMENTS   43P：ALLOWED

TRANSSHIPMENT   43T：ALLOWED

PORT OF LOADING   44E：SHANGHAI, CHINA

```
PORT OF DISCHARGE                44F：SEATTLE，USA
LATEST DATE OF SHIPMENT          44C：151020
DESCR GOODS AND/OR SERVICES      45A：ART．NO. 4376 WELDING MACHINES，
                                 USD 17 600.00 CFR SEATTLE PER SET AS PER
                                 S/C NO. YD293847
DOCUMENTS REQUIRED               46A：
```

+ SIGNED COMMERCIAL INVOICE，1 ORIGINAL AND2 COPIES INDICATING THE ORIGIN OF THE GOODS.

+ PACKING LIST，1 ORIGINAL AND 4 COPIES.

+ FULL SET OF CLEAN ON BOARD OCEAN BILL OF LADING，MADE OUT TO THE ORDER OF SHIPPER AND MAKED "FREIGHT PREPAID" NOTIFY APPLICANT.

```
ADDITIONAL CONDITIONS        47A：ALL DOCUMENTS MUST INDICATE THIS
                                  CREDIT NUMBER.

CHARGES                      71B：ALL BANKING CHARGES OUTSIDE USA
                                  ARE FOR ACCOUNT OF BENEFICIARY.

CONFIRMATION              * 49：WITHOUT
PERIOD FOR PRESENTATION      48：DOCUMENTS TO BE PRESENTED WITHIN 15
                                  DAYS AFTER THE DATE OF SHIPMENT BUT
                                  WITHIN THE VALIDITY OF THE CREDIT.
```

其他资料

G. W.：8 200KGS   N. W. 8 000KGS   MEASUREMENT：13M^3

（三）实训要求

指出郑州凡科进出口公司交单议付时应提交哪些单证？分别有什么要求？并请缮制商业发票、装箱单和汇票。

1. 缮制商业发票

_____

_____

COMMERCIAL INVOICE

TO：_____   INVOICE NO. ：_____

_____   INVOICE DATE：_____

_____   S/C NO. ：_____

_____   L/C NO. ：_____

MARKS & NOS.	DECRIPTION OF GOODS	QUANTITY (PC)	UNIT PRICE (USD)	AMOUNT (USD)
TOTAL：				

TOTAL AMOUNT IN WORDS: _____

_____

2. 缮制装箱单

_____

_____

PACKING LIST

TO: _____   INVOICE NO. : _____

_____   INVOICE DATE: _____

_____   S/C NO. : _____

_____   L/C NO. : _____

MARKS & NOS.	DECRIPTION OF GOODS	QUANTITY (PC)	G. W. (KGS)	N. W. (KGS)	MEAS. (CBM)
TOTAL:					

PACKING: _____

TOTAL PACKAGS IN WORDS: _____

_____

_____

3. 缮制汇票

BILL OF EXCHANGE

凭   信用证

Drawn under _____ L/C No. _____

日期   按息   付款

Dated _____ payable with interest @ _____ ‰ per annum

号码   汇票金额   中国，郑州   年 月 日

No. _____ Exchange for _____ Zheng Zhou, China，DATE: _____

见票   日后(本汇票之副本未付)付交

At _____ sight of the FIRST of Exchange (Second of Exchange being unpaid)

Pay to the order of _____ 或其指定人金额

The sum of _____

此致

To：_____

　　_____

_____

（四）评价方法

能够按信用证要求整理相关单证，并正确填制汇票，在规定时间内向议付行进行议付。

任务二　办理出口退税手续

一、知识要点

（一）操作流程

办理出口退税操作流程如图6-5所示。

图6-5　办理出口退税操作流程

（二）知识要点

2012年8月1日起，我国实施货物贸易外汇管理制度改革，优化出口收汇和出口退税信息共享机制。改革后，取消货物贸易外汇逐笔核销制度，取消出口收汇核销单，企业不需要再办理出口收汇核销手续。国家外汇管理局对企业的贸易外汇管理方式由现场逐笔核销改为非现场总量核查，通过货物贸易外汇监测系统，全面采集企业货物进出口和贸易外汇收支的逐笔数据。

2012年8月1日起，出口企业申报出口退税时，不再提供核销单，税务局参考外汇局提供的企业出口收汇信息和分类情况，依据相关规定，审核企业出口退税。

根据国家相关规定，满足以下四个条件的出口货物，出口企业可以申请出口退税：

（1）增值税、消费税征收范围内的货物；

（2）报关离境出口的货物；

（3）财务上作出口销售处理的货物；

（4）已收汇的货物。

出口企业申报出口退税时需要准备相关退税单证，主要单证是报关单出口退税联，其他单据根据当地主管税务局的要求提供。

二、操作实例

（一）业务背景资料

河南豫达国际贸易有限责任公司在正常收汇后，到国税局办理退税手续。

（二）实例操作

（1）向海关申请开立报关单出口退税联后,海关开出报关单出口退税联,如图6-6所示。

中华人民共和国出口货物报关单 出口退税联

预录入编号:×××××××× 　　　　　　　　　　　海关编号:××××××××××

出口口岸 天津海关		备案号	出口日期	申报日期
经营单位 河南豫达国际贸易有限责任公司(×××××)	运输方式 水上运输	运输工具名称 0068LC135256	提运单号 JY-HSNBL05	
发货单位 河南豫达国际贸易有限责任公司(×××××)	贸易方式 一般贸易	征免性质 一般征税	结汇方式 信用证	
许可证号	运抵国(地区) 美国	指运港 纽瓦克		境内货源地
批准文号	成交方式 CIF	运费	保费	杂费
合同协议号 ZK8907-SH685	件数 250	包装种类 纸箱	毛重(公斤) 6 250	净重(公斤) 5 500
集装箱号	随附单据		生产厂家	

标记唛码及备注
SUN
NEWARK
NO.1-250

项号	商品编号	商品名称、规格型号	数量及单位	最终目的国(地区)	单价	总价	币制	征免
01	6109.9010	网球鞋 30%合成革70%网布	6 250 千克 5 000 双	美国	13.33	66 650	美元	照章征税

税费征收情况

录入员　录入单位	兹声明以上申报无讹并承担法律责任	海关审单批注及放行日期(签章)	
		审单	审价
报关员×××		征税	统计
	申报单位(签章)		
单位地址　　　　　　邮编		查验	放行
电话　　　　　　　填制日期			

图6-6 报关单出口退税联

（2）出口企业持报关单出口退税联,在规定期限内向国税局申请出口退税,国税局核查无误后,向出口企业退还规定金额的税款。

三、实训操作练习

(一) 业务背景

郑州凡科进出口公司收到进口商支付的货款后,办理出口退税。

(二) 实训要求

阐述郑州凡科进出口公司应如何办理出口退税手续。

(三) 评价方法

了解最新我国出口退税办理规定,并能够按规定准备出口退税单证。

项 目 小 结

　　本项目主要介绍出口商发货后,按合同或信用证要求备齐结汇单证,到银行办理结汇手续。根据我国鼓励出口政策,出口商收到外汇后要到税局办理出口退税手续。办理结汇手续关系到企业能否顺利收汇,因此,在准备单证时要保证单证正确、齐全,并与合同或信用证要求一致。

第二部分

进口贸易

项目 七 交易磋商和利润核算

实训目标

1.能够清晰、完整、简洁地书写询盘、还盘函、接受函
2.能够准确地核算利润

业务导入

河南豫达国际贸易有限责任公司现需要进口一批棉梭织漂白布,业务员李平根据公司要求,就此产品进行了国际和国内市场调研,掌握了国际和国内市场的供求信息和价格动态。经过充分分析后,确定日本的泰宏株式会社(NIPPON TAKYO CO., LTD.)为出口商,与之进行洽谈,达成进口协议,并顺利履行合同。

操作流程

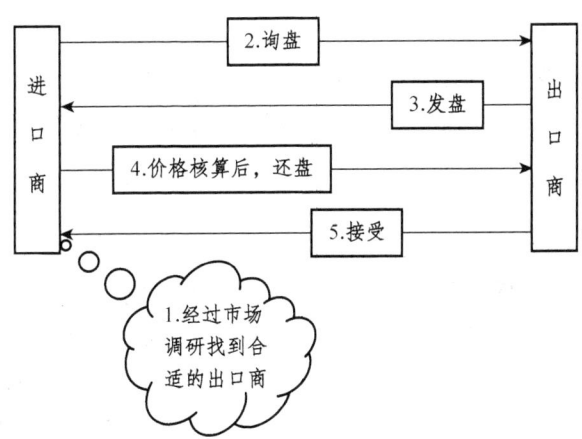

因此,按操作程序分解为以下三个任务:
(1)询盘。
(2)价格核算与还盘。
(3)接受。

任务一 询 盘

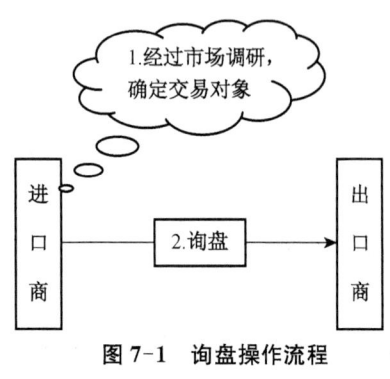

图 7-1　询盘操作流程

一、知识要点

（一）操作流程
询盘操作流程如图 7-1 所示。

（二）知识要点
交易一方欲购买或出售某种商品,向另一方发出探询买卖该商品及有关交易条件的一种表示,称为询盘,也叫询价,法律上称为要约邀请。询盘既可由买方发出,也可由卖方发出。询盘的内容既可以是询问价格,也可以是询问其他一项或几项交易条件,但多数是询问价格。

询盘可以是口头的表达也可以是书面的表达,如采用打电话、发电子邮件、寄送价目表、商业广告、招标广告、拍卖广告等形式。

询盘对于询盘人和被询盘人均无法律上的约束力,而且不是交易磋商的必经环节。但询盘是了解市场供求、寻找交易机会的有效手段。其主要内容如下:

(1) 信息来源,从何处获得对方名称、地址;

(2) 自我介绍,说明身份,及公司经营范围;

(3) 写信目的,说明感兴趣的商品,索取相关资料,要求报价并提出其他要求等。

二、操作实例

（一）业务背景资料
河南豫达国际贸易有限责任公司的业务员李平,通过互联网对商品进行调研后,经过充分的分析,确定日本泰宏株式会社为出口商,李平与日本泰宏株式会社联系,进行交易磋商,商谈进口事宜。

2015 年 4 月 20 日,李平向日本泰宏株式会社发出询盘函,具体内容如下:

(1) 告知对方是如何获得其公司信息的,并表达希望建立业务关系的愿望;

(2) 简要介绍本公司的情况;

(3) 要求对方对棉梭织漂白布 Woven Cotton Bleached 进行报价,数量 50 000 METERS,CIF Tianjin,6 月份交货。

（二）实例操作

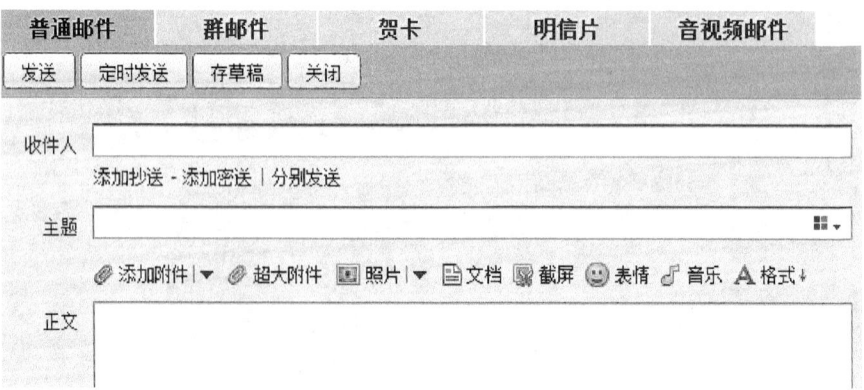

Dear Sirs,

We know you from your website that you are manufacturing and exporting a variety of COTTON PIECE GOODS. Our company has grown to be one of the leading Imp. & Exp. Companies in China, specialized in textiles and manufacturing cotton goods. We take an interested in your Woven Cotton Bleached. We shall appreciate it if you will send us your latest catalogues and samples. If the price is reasonable, we have a large order. Please quote CIF Tianjin.

Your immediate attention will be highly appreciated.

Yours faithfully,

HENAN YUDA INTERNATIONAL TRADING CO. ,LTD.

LI PING

三、实训操作练习

(一) 业务背景

郑州凡科进出口公司的业务员崔达,近日得知日本生产的手工工具扳手在国内市场紧缺,决定从日本进口一批扳手。于是他上网查阅日本扳手生产厂商的供应情况,收集产品的质量、规格和购货价格等信息,并选择了 TOKYO IMPORT & EXPORT CORRORATION 进行洽谈。

(二) 业务资料

崔达利用因特网和各种商务网站对日本市场进行调研,掌握市场的供求信息、价格动态。经过充分分析后,确定 TOKYO IMPORT & EXPORT CORRORATION 为出口商,向其询盘。

(三) 实训要求

根据上面的信息,以郑州凡科进出口公司的名义,向 TOKYO IMPORT & EXPORT CORRORATION 发去询盘,询问其销售的扳手的相关情况。

(四) 评价方法

熟悉询盘的内容及格式,可以熟练地根据相关信息书写询盘函。

任务二　价格核算与还盘

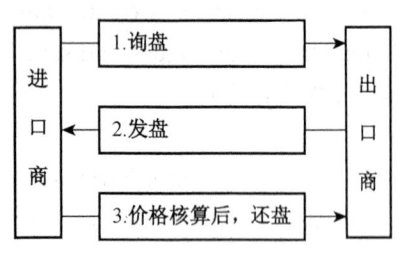

图 7-2　价格核算与还盘的操作流程

一、知识要点

(一)操作流程
价格核算与还盘的操作流程如图 7-2 所示。

(二)知识要点

1. 价格核算

进口商品的价格构成包括三个部分:成本、费用、利润。

进口销售还盘核算公式:

$$国内销售价格＝进口价格＋进口费用＋进口利润$$
$$进口费用＝国外费用＋国内费用$$
$$国外费用＝国外运费＋国外保费$$

在 FOB 贸易术语下,国外费用由国外运费和国外保费构成;在 CFR 贸易术语下,国外费用由国外保费构成;在 CIF 贸易术语下,无国外费用。

$$国内费用＝进口关税额＋进口消费税额＋进口增值税额＋实缴增值税额＋其他进口费用$$

其他进口费用包括国内运费、国内保费、港口杂费、报检费、报关费、业务定额费和各种国内税收。

$$进口关税额＝进口关税的完税价格×进口关税率$$

其中,进口关税的完税价格为进口货物的 CIF 价。

$$进口消费税额＝进口消费税的完税价格×进口消费税率$$
$$＝(进口关税的完税价格＋进口关税)÷(1－消费税税率)×进口消费税税率$$

$$进口增值税额＝进口增值税的完税价格×进口增值税率$$
$$＝(进口关税的完税价格＋进口关税＋进口消费税)×进口增值税税率$$

$$实缴增值税额＝国内销售价格÷(1＋增值税税率)×增值税税率－进口增值税额$$

实缴增值税额是进口商在实际增值销售商品时缴纳的增值税额抵扣进口时海关代征的进口增值税后的税额。

$$进口利润＝国内销售价格－进口价格－进口费用$$
$$预期利润率＝进口利润÷国内销售价格$$

2. 还盘

还盘是受盘人对发盘内容不完全同意,为了进一步协商,反过来向发盘人提出需要变更内容或建议的表示,也叫还价。其基本内容如下:

(1)确认收到对方的发盘;

(2)提出对发盘中的条款有异议,并列出对哪些条款有异议,如价格太高等;

(3)对有异议的条款提出自己的建议;

(4)表达希望尽快答复的愿望。

二、操作实例

(一)业务背景资料

日本泰宏株式会社收到河南豫达国际贸易有限责任公司的询盘后,向其发盘,主要交易条件如下:

商品名称、规格:Woven cotton bleached
$$\text{WIDTH } 1.5\text{M}, \text{WEIGHT } 0.2\text{KG/M}^2$$

数量:50 000METERS

贸易术语:CIF TianJin

单价:USD 3.00 /METER

交货时间:不迟于 2015 年 6 月 30 日

付款方式:L/C at sight

其他信息:最惠国进口关税税率为15%,增值税税率为17%,除了进口关税和增值税之外其他进口费用按国内销售格的 2%计算。目前,此商品国内的销售价格为 31.00 元/米,人民币与美元的汇率为 6.0155:1,根据国外客户的报价,核算利润率,最后考虑要不要接受对方的报价。

(二)实例操作

1. 核算进口关税额

$$进口关税额=进口关税的完税价格×进口关税税率$$
$$=CIF 价×进口关税税率$$
$$=3×15\%×7.0155=2.706\ 975(元/米)$$

2. 核算进口增值税额

$$进口增值税额=进口增值税的完税价格×进口增值税税率$$
$$=(进口关税的完税价格+进口关税额)×进口增值税税率$$
$$=(3×6.015\ 5+2.706\ 975)×17\%$$
$$=3.528(元/米)$$

3. 核算实缴增值税额

$$实缴增值税额=国内销售价格÷(1+增值税税率)×增值税税率-进口增值税额$$
$$=31÷(1+17\%)×17\%-3.528$$
$$=0.976(元/米)$$

4. 核算其他进口费用

$$其他进口费用=国内销售价格×2\%=31×2\%$$
$$=0.62(元/米)$$

5. 核算进口利润和进口利润率

$$进口利润=国内销售价格-进口价格-进口费用$$
$$=31-3×6.015\ 5-(2.706\ 975+3.528+0.976+0.62)$$
$$=5.122\ 5(元/米)$$
$$进口利润率和进口利润÷国内销售价格=5.122\ 5÷31=16.5\%$$

经过核算,如果按照对方公司的报价进行交易的话,利润率16.5%,没有达到河南豫达国际贸易有限责任公司 20%~25%的预期利润,因此,河南豫达国际贸易有限责任公司对泰宏株式会社的发盘进行了还盘,要求价格降价至 2.88 美元/米。河南豫达国际贸易有限责任公司对泰宏株式会社作出如下还盘函:

普通邮件　　群邮件　　贺卡　　明信片　　音视频邮件

发送　定时发送　存草稿　关闭

收件人　
添加抄送 - 添加密送 | 分别发送

主题　

添加附件|▼　超大附件　照片|▼　文档　截屏　表情　音乐　A 格式↓

正文　

Dear Sirs,

Your letter of April 21st has been accepted. We regret to inform you that your price is rather on the high side though we appreciate the good quality of our products. Your price compares much higher than that we can get from elsewhere.

In order to set up trade, we hope you can reduce the price you quoted, say, USD 2.88 per meter CIF TianJin. Other terms and conditions are the same as before.

This quotation is valid for 3 days and we are looking forward to receiving you conformation. Your immediate attention will be highly appreciated.

Yours faithfully,

HENAN YUDA INTERNATIONAL TRADING CO.,LTD. LI PING

三、实训操作练习

(一) 业务背景

郑州凡科进出口公司通过互联网得知美国宏森公司,并向美国宏森公司发出询盘,欲进口其喷雾设备 120 台,美国宏森公司接到询盘后,向其作出发盘。

(二) 业务资料

发盘中的信息如下:每台的进口报价为 300 美元 FOB New York,从纽约到上海的运费平均为每台 20 美元;保险按 CIF 金额的 110% 投保,费率 0.85%;银行贷款利率为 8%,预计垫款时间为 3 个月(垫款利息按全部进口成本计算),银行费用为进口报价的 0.5%;进口关税税率为 10%;增值税税率为 17%;预计该批货物的进口费用为:许可证费 800 元,报关费 60 元,报检费 220 元,业务费用 1 000元,国内运杂费 800 元,该产品国内售价是 3 900 元(当时美国对人民币汇率为 1:8.25)。

(三) 实训要求

(1) 东方进出口有限公司于 2015 年 8 月 10 日是向美国宏森公司发出询盘,主要内容如下:

第一,告知对方公司是如何知道其信息的,表达希望与其建立业务关系的愿望;

第二,简要介绍本公司的情况;

第三,要求对方对喷雾设备进行报价,数量 120 台,FOB New York,10 月交货。

(2) 根据美国宏森公司的发盘内容,如果东方进出口有限公司的预期利润在 15%～20%,请进行利润核算,并发邮件回复是否接受对方的发盘。

(四) 评价方法

(1) 正确书写询盘信函,内容完整,格式正确,语言精准;

(2) 了解如何进行进口价格核算及利润核算。

普通邮件　　　群邮件　　　贺卡　　　明信片　　　音视频邮件

发送　定时发送　存草稿　关闭

收件人

添加抄送 - 添加密送 | 分别发送

主题

添加附件|▼　超大附件　照片|▼　文档　截屏　表情　音乐　A 格式↓

正文

普通邮件　　　群邮件　　　贺卡　　　明信片　　　音视频邮件

发送　定时发送　存草稿　关闭

收件人

添加抄送 - 添加密送 | 分别发送

主题

添加附件|▼　超大附件　照片|▼　文档　截屏　表情　音乐　A 格式↓

正文

任务三 接 受

一、知识要点

(一) 操作流程

接受操作流程如图 7-3 所示。

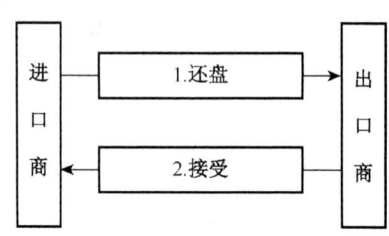

图 7-3 接受操作流程

(二) 知识要点

受盘人声明或以其他行为表示无条件地同意对方在发盘中提出的各项条件,即为接受,其实质是对发盘表示同意。发盘一经接受,合同即告成立,对双方都有法律约束力。

接受函是交易者对交易条款表示同意的基本手段,其主要内容如下:

(1) 确认收到对方的发盘或还盘;

(2) 再次确认对方发盘中或还盘中的条件;

(3) 要求签订正式合同或随函寄送合同要求签字;

(4) 其他要求;

(5) 表达交易达成的喜悦之情,期待下次再次合作的意愿。

二、操作实例

(一) 业务背景资料

日本泰宏株式会社接到河南豫达国际贸易有限责任公司的还盘,考虑后,报经理审核,经理认为对方的新报价可以接受,于是该公司向河南豫达国际贸易有限责任公司发去接受函。

(二) 实例操作

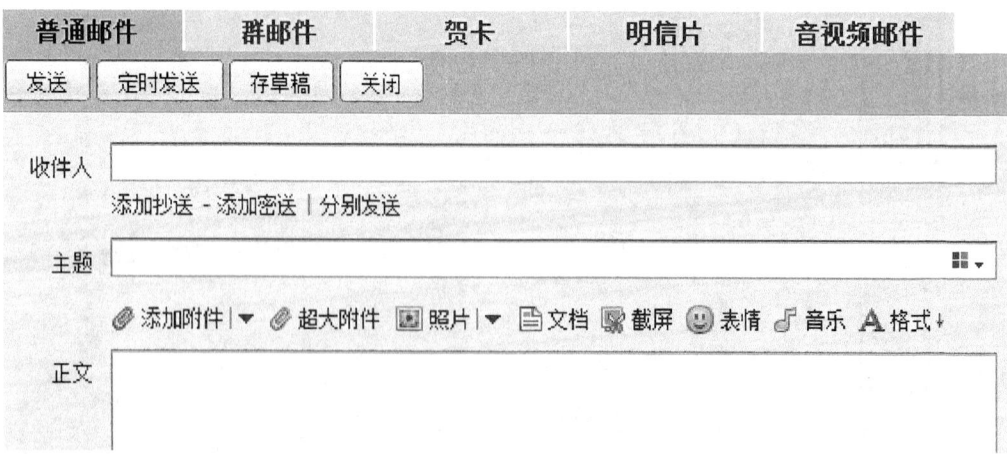

Dear Sirs，

We have received your letter dated April 23rd 2015. We are glad to tell you that we can accept your terms.

PRICE：USD 2. 88 PER METER CIF TIANJING

QUANTITY：50 000METERS

SHIPMENT：NOT LATER THAN JUNE 30，2015.

PAYMENT：L/C AT SIGHT

We are glad that through our mutual effort finally we have reached the agreement.

We are looking forward to your contracts and your immediate attention will be highly appreciated.

Yours faithfully，

NIPPON TOKYO CO., LTD.

Smith

三、实训操作练习

(一) 业务背景

郑州凡科进出口公司收到法国 ADD 有限责任公司的发盘,它详细列出各项交易条件。郑州凡科进出口公司经仔细分析,决定接受对方的各项交易条件,由业务员李想拟写接受函,并在发盘有效期内发出。

(二) 业务资料

单价:Art No. 123 每台 110 美元、Art No. 134 每台 135 美元、Art No. 145 每台 142 美元

CIFSHANGHAI

包装:每 10 台装一纸箱

运输方式:空运

装运时间:不迟于 2015 年 9 月 10 日

支付方式:即期信用证

(三) 实训要求

根据上面的发盘,写一封接受信函。

（四）评价方法

熟悉发盘的内容及格式，语言精练。

项 目 小 结

从事进口贸易，我们同样也是从寻找客户开始，通过市场调研等方式找到潜在的客户，然后向对方进行询盘，在收到对方的发盘后，认真核算对方的报价。进口报价包括进口成本、进口税费和合理的利润这三项。进口商需要核算出口商的报价与国内行情是否一致以及能否获得预期的利润，如果达到预期利润，则可以进行还盘，进一步磋商价格，直到获得一个满意的报价后成交。

项目 八 签订购买合同

实训目标

1. 掌握进口合同中的各个条款
2. 掌握在拟定进口合同时的各种注意事项
3. 能根据进口磋商结果拟定完整的进口合同

业务导入

河南豫达贸易有限公司在收到日本泰宏株式会社的接受函后,双方就各项交易条件达成一致,于是业务员李平拟订购货贸易合同一式两份,双方签章后,各留下一份作为履行合同的依据。

操作流程

因此,本项目主要有一个任务,即签订进口购买合同。

任务一　签订购买合同

一、知识要点

(一) 操作流程

签订购买合同操作流程如图 8-1 所示。

图 8-1　签订购买合同操作流程

(二) 知识要点

1. 进口合同的种类

1) 销售合同

销售合同内容全面,条款齐全,应对买卖双方的权利、义务及发生争议后的处理有全面的规定。合同适用于大宗商品或成交金额较大的交易。

2) 销售确认书

销售确认书的条款比较简单,一般省略了索赔、不可抗力、仲裁等条款。销售确认书适用于金额不大的交易,如轻纺产品、土特产品等交易。

2. 进口合同的内容及缮制

1) 合同名称

一般使用统称 Contract,或写明购货合同 Purchase Contract,表明是进口商拟定的合同,如果是出口商拟定的合同则称为销售合同 Sales Contract。

2) 合同号和日期

合同号应按照公司内部编号填写,日期按照实际缮制日期填写。

3) 买卖双方信息

一般要写明公司名称及地址等详细信息。

4) 商品的名称

直接填写商品的准确名称,也可加具体的等级或型号等概述性文字。

5) 商品的质量

应根据商品的特性选用适当的品质表示方法,并注意品质机动幅度的合理使用。

6) 商品的数量

写明成交商品的数量及其计量单位,并注意数量机动幅度的合理使用。

7) 商品的价格

价格条款通常包括单价和总值两部分,在填写单价时应注意表明贸易术语、计量单位、计价货币和价格金额四部分内容,在填写总值时应注意数量、单价和总值之间的联系。

8) 商品的包装

应根据商品性质选用包装方式、填写时应做到规定明确具体。

9）装运条款

根据磋商结果填写装运期、装运港和目的港，注意是否有重名港。

10）保险条款

根据所使用的贸易术语，合理填写保险要求。

11）付款方式

根据磋商结果合理选用对我方有利的付款方式，尽量减少付款风险。

12）仲裁、索赔、不可抗力条款

一般采用格式合同，这些条款都是标准条款形式，不用额外填写。

13）其他条款

根据进口需要合理添加要求，如原产地条款等。

二、操作实例

（一）业务背景资料

2015 年 4 月 24 日，河南豫达国际贸易有限责任公司的业务员李平收到日本泰宏株式会社的接受函后，马上拟定进口合同条款。2015 年 4 月 25 日，李平向日本泰宏株式会社寄出了合同编号为 SC12356 的进口合同。合同中的主要条款如下：

1. 商品：棉梭织漂白布，货号 0123，门幅 1.5 米，重 0.2 kg/平方米

2. 数量：50 000 米

3. 单价：USD2.88/METER CIF TIANJIN

4. 总金额：144 000 美元

5. 包装：每箱净重 30.00 千克，每箱毛重 30.50 千克，500 箱装 1 个 20 米集装箱

6. 交货时间：不迟于 2015 年 6 月 30 日，从日本东京运至天津新港，不允许转运和分批装运

7. 保险：按发票金额的 110% 投保，投一切险

8. 付款方式：L/C AT SIGHT

9. 单据：签署的商业发票一式五份，注意合同号码

    保险单一式三份

    装箱单一式三份，注明每个包装的数量，毛重和净重和包装条件

    由卖方出具的质量证明一式五份

    全套清洁已装船海运提单三份正本，标注运费已付

卖方在装运后 12 小时内发给买方装运通知，通知买方提单号、商品名称、数量、重量、金额、船名和装运日期。

（二）实例操作

CONTRACT

No. S/C 12356

Date：April 25，2015

THE BUYER：

ZHENGZHOU YUDA INTERNATIONAL TRADING CO. ，LTD.

ZHENGKAI ROAD NO. 6，ZHENGZHOU HENAN CHINA

TEL：86-371-85305222

THE SELLER：

NIPPON TAKO CO.，LTD.

NO. 1 NO. 80 9-CHOME, SHINJUKU—KU, TOKYO

TEL:00819038061382

1. COMMODITY AND SPECIFICATION:WOVEN COTTON BLEACHED ART NO. 0123

WIDTH 1. 5M,WEIGHT 0. 2KG/M^2

2. QUALITY:50000METERS

3. QUATITY: THE SAME AS SAMPLE

4. UNIT PRICE:USD 2. 88 PER METER CIF TIANJIN

5. TATAL VALUE: USD 144 000

6. PACKING:PACKED IN CARTON,

EACH CARTON:GROSS WEIGHT: 30. 50 KG; NET WEIGHT:30. 00 KG;

500 CARTONGS IN A 20 TCONTAINER.

7. TIME OF SHIPMENT:NO. LATER THAN JUNE 30, 2015, PARTIAL SHIPMENT AND TRAN-SHIPMENT NOT ALLOWED.

8. PORT OF LOADING: TOKYO,JAPAN.

9. PORT OF DESTINATION:TIANJIN,XINGANG,CHINA.

10. INSURANCE:FOR 110 PERCENT OF THE INVOICE VALUE COVERING ALL RISKS BY THE SELL-ER.

11. PAYMENT: L/C AT SIGHT

12. DOCUMENTS:THE SELLER SHALL PRESENT THE FOLLOWING DOCUMENTS TO THE PAYING BANK OF NEGOTIATION BANK.

(1) FIVE COPIES OF SIGNED COMMERCIAL INVOICE INDICATING CONTRACT NUMBER;

(2) INSURANCE POLICY IN THREE COPIES;

(3) THREE COPIES OF PACKING LIST INDICATING THE QUANLITY OF EACH PACKING, GROSS WEIGHT,NET WEIGHT AND THE PACKING CONDITION;

(4) FIVE COPIES OF CERTIFICATE OF QUANTITY ISSUED BY THE SELLER;

(5) THE FULL SET ON BOARD BILL OF LADING,STATED FREIGHT PREPAID;

(6) WITHIN 12 HOURS AFTER THE GOODS ARE COMPLETELY LOADED,THE SELLER SHALL FAX TO NOTIFY THE BUYR OF THE CONTRACT NUMBER, NAME OF COMMODITY, QUANTITY, GROSS WIGHT,THE TOTAL VALUE,B/L NO. ,NAME OF THE VESSEL AND THE DATE OF DELIVERY.

13. INSPECTION AND CLAIMS:IF THE QUALITY/WEIGHT AND /OR THE SPECIFICATIONS OF THE GOODS SHOULD BE FOUND NOT IN LINE WITH THE CONTRACTED STIPULATIONS, OR SHOULD THE GOODS PROVE DEFECTIVE FOR ANY REASONS, INCLUDING LATENT DEFECT OR THE USE OF UNSUITABLE MATERIALS, THE BUYER WOULD ARRANGE AN INSPECTION TO BE CARRIED OUT BY THE INSPECTION BUREAU AND HAVE THE RIGHT TO CLAIM AGAINST THE SELLERS ON THE STRENGTH OF THE INSPECTION CERTIFICATE ISSUED BY THE BUREAU. ALL CLAIMS SHALL BE REGARDED AS ACCEPTED IN THE SELLERS FAIL TO REPLY WITHIN 30 DAYS AFTER RECEIPT OF THE BUYER'S CLAIM.

THE BUYER:	THE SELLER:
YUDA TRADING CO., LTD.	NIPPON TAKO CO., LTD.
LIPING	SMITH

三、实训操作练习

(一) 业务背景

郑州凡科进出口公司从美国进口一批玩具,该公司业务员首先在网上查阅美国电子玩具供应商的有关产品质量、规格和购货价格等各种信息,并选中一家理想的出口商进行洽谈,经过几轮的商洽,达成一致,郑州凡科进出口公司拟定购买合同(编号为 A123456),寄给对方签署。

（二）业务资料

买方:郑州凡科进出口公司(ZHENGZHOU FANKE IMPORT & EXPORT CORPORA-TION)

230 NANJING ROAD SHANGHAI, CHINA

TEL:0371-64507896

卖方:PITER IMPORT & EXPORT CORPORTATION

231 TOLI MACH NEW YORK, USA

TEL:1-973-2421256

品名及规格:电子手掌玩具(ELECTRON PALM BAUBLE)(货号 A123、A234、A456)

单价:FOB NEW YORK

   A123:USD 56.00/SET

   A234:USD 45.00/SET

   A456:USD 50.00/SET

支付方式:不可撤销的跟单信用证

数量:A123:1 000SETS

  A234:500SETS

  A456:1 000SETS

包装:每 50 套装一纸箱

装运期:不迟于 2015 年 4 月 30 日装运,不允许分批装运及转运

装运港:纽约

目的港:上海

唛头:由卖方定

单据:已签署的商业发票一式三份,注意合同号码;

  保险单一式三份;

  装箱单一式三份,注明每个包装的数量,毛重和净重和包装条件;

  由卖方出具的质量证明一式五份;

  全套清洁已装船海运提单三份正本,标注运费已付。

卖方在装运后 12 小时内以传真发给买方装运通知,通知买方提单号、商品名称、数量、重量、金额、船名和装运日期。

（三）实训要求

CONTRACT

No.

Date:

THE BUYER:

THE SELLER:

1. COMMODITY AND SPECIFICATION:

2. QUALITY:

3. QUATITY:

4. UNIT PRICE:

5. TATAL VALUE:

6. PACKING:

7. TIME OF SHIPMENT:

8. PORT OF LOADING:

9. PORT OF DESTINATION:

10. INSURANCE:

11. PAYMENT:

12. DOCUMENTS:

13. INSPECTION AND CLAIMS: IF THE QUALITY/WEIGHT AND /OR THE SPECIFICATIONS OF THE GOODS SHOULD BE FOUND NOT IN LINE WITH THE CONTRACTED STIPULATIONS, OR SHOULD THE GOODS PROVE DEFECTIVE FOR ANY REASONS, INCLUDING LATENT DEFECT OR THE USE OF UNSUITABLE MATERIALS, THE BUYER WOULD ARRANGE AN INSPECTION TO BE CARRIED OUT BY THE INSPECTION BUREAU AND HAVE THE RIGHT TO CLAIM AGAINST THE SELLERS ON THE STRENGTH OF THE INSPECTION CERTIFICATE ISSUED BY THE BUREAU. ALL CLAIMS SHALL BE REGARDED AS ACCEPTED IN THE SELLERS FAIL TO REPLY WITHIN 30 DAYS AFTER RECEIPT OF THE BUYER'S CLAIM.

THE BUYER: THE SELLER:

(四)评价方法
熟悉采购合同的条款及填写要求,能独立订立进口采购合同。

项 目 小 结

本项目主要介绍如何签署进口购货合同,合同中的各项条款是双方未来履约的依据,因此,应根据双方在交易磋商中谈判的各项条件来拟定合同条款。特别是一些关于价格、日期的敏感条款,一定要认真核对,防止未来产生不必要的纠纷。

项目 九 申请开立信用证

实训目标

1. 熟悉信用证的内容、开立流程及当事人
2. 能正确填制信用证申请书

业务导入

河南豫达国际贸易有限责任公司与日本泰宏株式会社订立贸易合同后，按照合同要求，由河南豫达国际贸易有限责任公司向中国银行申请信用证。

操作流程

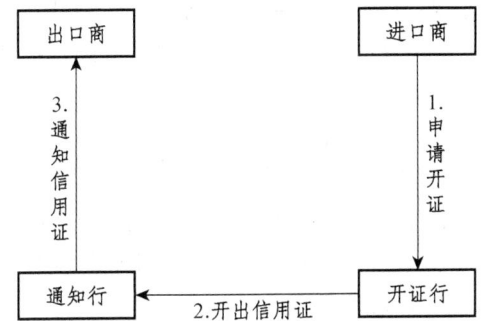

进口合同签订后，进口商应按照合同规定，到开证行办理开立信用证手续。开立信用证的时间按合同规定办理。例如：合同规定在××××年×月×日前开立信用证；在装运期前×天开出信用证；在收到出口商领到出口许可证通知后办理开证。

任务一　申请开立信用证

一、知识要点

(一) 信用证的主要内容(见项目三任务一)

(二) 信用证的使用流程(见项目三任务一)

(三) 申请开证的流程

1. 填写开证申请书

开证申请书(DOCUMENTARY CREDIT APPLICATION)是信用证开立的依据,内容应与买卖合同条款相一致,且完整、简洁和准确。

开证申请书的内容主要包括两方面:一是要求开证行开立信用证的条款,基本内容与买卖合同的条款相符(申请书正面);二是申请人对开证行所做的声明,如承认在其付清货款前银行对单据及其所代表的货物拥有所有权,申请人保证单据到达后如期付款赎单等。

在填写开证申请书时应注意以下几点:

(1) 申请书所列内容应与买卖合同条款一致;

(2) 不得将与信用证无关的内容和合同中过细的条款写入申请书;

(3) 不能将模糊的、可作弹性解释的或有争议的内容写入申请书;

(4) 不能要求出口商提供无法获得的单据;

2. 申请备案

申请书交银行盖章后,需要去外汇管理局申请备案,并填写进口付汇备案表(如果企业已在名录之内,不必填写)。

3. 提交保证金或抵押品

按我国银行的有关规定,满足下列两条件之一者可以开立信用证:一是向开证行交付全部信用证金额的保证金或相当于这些金额的抵押品;二是银行给予一定的授信额度,申请人只需要交付一定比例的保证金。第一种情况适用于进口金额小,交货期短的贸易;反之,适用第二种情况。

4. 支付开证手续费

申请人需按开证金额的一定比例向开证行支付开证手续费。信用证开证手续费通常不低于汇付和托收的手续费。

二、操作实例

(一) 业务背景资料

河南豫达国际贸易有限责任公司向中国银行郑州分行申请信用证,根据合同填制信用证申请书。

(二) 实例操作

1. 填制开证申请书(见图 9-1)

IRREVOCABLE DOCUMENTARY CREDIT APPLICATION

TO: BANK OF CHINA, ZHENGZHOU BRANCH   DATE: MAY, 5, 2015

Applicant(full name and address) HENAN YUDA INTERNATIONAL TRADING CO., LTD. ZHENGKAI ROAD NO. 6, ZHENGZHOU HENAN CHINA	L/C No. 63211020046 Date and place of expiry JULY, 15, 2015 JAPAN
Beneficiary(full name and address) NIPPON TAKO CO., LTD. NO. 1 NO. 80 9-CHOME, SHINJUKU-KU, TOKYO	☐ Issued by airmail ☐ With brief advice by teletransmission ☐ Issued by express delivery ☒ Issued by teletransmission (which shall be the operative instrument)
Partial shipments ☐Allowed ☒not allowed / Transshipment ☐Allowed ☒not allowed	
Loading on board/dispatch/taking in charge at/from TOKYO, JAPAN Not later than JUNE 30, 2015 For transportation to TIANJIN XINGANG, CHINA	Amount (both in figures and words) USD 144 000 SAY US DOLLARS ONE HUNDRED AND FORTY-FOUR THOUSAND ONLY
Description of goods: WOVEN COTTON BLEACHED ART NO. 0123 Packing: PACKED IN CARTON, 500 CARTONGS IN A 20FT CONTAINER	Credit available with ADVISING BANK ☐ by sight payment ☐ by acceptance ☒ by negotiation ☐ By deferred payment at against the documents detailed herein ☒ and beneficiary's draft for 100% of the invoice value at SIGHT On BANK OF CHINA, ZHENGZHOU BRANCH ☐FOB ☐ CFR ☒CIF ☐ or other terms

Documents required: (marked with ×)

1. (×) Signed Commercial Invoice in   5   copies indicating L/C No. and Contract No.

2. (×) Full set of clean on board ocean Bills of Landing made out to order and blank endorsed marked "freight [   ]to collect/ [×] prepaid [   ] showing freight amount" notifying

3. ( ) Air Waybills showing "freight [   ] to collect/ [   ] prepaid [   ] including freight amount" and consigned to

4. (×) Insurance Policy/ Certificate in copies for 110 % of the invoice value showing claims payable in China in currency of the draft, blank endorsed, covering [×] Ocean Marine Transportation/ [   ] Air Transportation/ [   ] Over Land Transportation all risks.

5. (×) Packing List/ Weight Memo in   3   copies issued by   the seller . indicating quantity, gross and net weights of each package.

6. (×) Certificate of Quantity/ Weight in   4   copies issued by   THE SELLER

7. ( ) Certificate of Quality in   copies issued by

8. ( ) Certificate of Origin in   copies issued by

9. ( ) Beneficiary's certified copy of fax/telex dispatched to the accountees within   hours after shipment advising [   ] name of vessel/ [   ] flight No. / [   ] wagon No., date, quantity, weight and value of shipment.

10. ( ) Other documents, if any:

Additional instructions：

1. （×） All banking charges outside the opening bank are for beneficiary's account.

2. （×） Documents must be presented within 15 days after the date of issuance of the transport documents but within the validity of this credit.

3. （ ） Third party as shipper is not acceptable. Short Form/ Blank Back B/L is not acceptable.

4. （ ） Both quantity and amount   % more or less are allowed.

5. （ ） Prepaid freight dawn in excess of L/C amount is acceptable against presentation of original charges voucher issued by shipping Co. /Air Line/ or it's agent.

6. （ ） All documents to be forwarded in one cover, unless otherwise stated above.

7. （ ） Other terms, if any：

Account No.：6210 6608 2204 5079 with ____BANK OF CHINA, ZHENGZHOU BRANCH____ （name of bank）

Transacted by： HENAN YUDA INTERNATIONAL TRADING CO. , LTD. LIPING （Applicant： name, signature of authorized person）

Telephone No. ；86-371-85305222

图 9-1　信用证申请书

三、实训操作练习

(一) 业务背景

中国远达贸易公司与加拿大 NG 公司达成一笔国际货物销售合同(见表 9-1),合同编号为 SHDS09026,合同要求双方采用不可撤销即期信用证的方式结算货款。

(二) 业务资料

表 9-1　销 售 合 同
SALES CONTRACT

卖方　　SHANGHAI YUANDA TRADING CO. ,LTD.　　　　编号 NO. ：　SHDS09026

SELLER：　29TH FLOOR KINGSTAR MANSION, 623 JINLIN RD. ,　日期 DATE；　APR. 03, 2015

　　　　　SHANGHAI CHINA　　　　　　　　　　　　　　　地点 SIGNED IN：SHANGHAI

买方　　NG GENERAL TRADING CO.

BUYER：　♯362 JALAN STREET, TORONTO, CANADA

买卖双方同意以下条款达成交易：

This contract Is made by and agreed between the BUYER and SELLER , in accordance with the terms and conditions stipulated below.

1. 品名及规格 Commodity & Specification	2. 数量 Quantity	3. 单价及价格条款 Unit Price & Trade Terms	4. 金额 Amount
		CIFC5	TORONTO
CHINESE CERAMIC DINNERWARE DS 1511 30-Piece Dinnerware and Tea Set DS 2201 20-Piece Dinnerware Set DS 4504 45-Piece Dinnerware Set DS 5120 95-Piece Dinnerware Set	542 SETS 800 SETS 443 SETS 254 SETS	USD 23. 50 USD 20. 40 USD 23. 20 USD 30. 10	12 737. 00 16 320. 00 10 277. 60 7 645. 40
Total：	2 039 SETS		46 980. 00

5. 总值 Total Value	SAY US DOLLARS FORTY SIX THOUSAND NINE HUNDRED AND EIGHTY ONLY.
6. 包装 Packing	DS2201 IN CARTONS OF 2 SETS EACH AND DS 1151，DS 4505 AND DS 5120 TO BE PACKED IN CARTONS OF 1 SET EACH ONLY. TOTAL：1639 CARTONS.
7. 唛头 Shipping Marks	AT BUYER'S OPTION.
8. 装运期及运输方式 Time of Shipment & means of Transportation	TO BE EFFECTED BEFORE THE END OF APRIL 2015 WITH PARTIAL SHIPMENT ALLOWED AND TRAN-SHIPMENT ALLOWED.
9. 装运港及目的地 Port of Loading & Destination	FROM：SHANGHAI TO：TORONTO
10. 保险 Insurances	THE SELLER SHALL COVER INSURANCE AGAINST WPA AND CLASH & BREAKAGE & WAR RISKS FOR 110% OF THE TOTAL INVOICE VALUE AS PER THE RELEVANT OCEAN MARINE CARGO OF P. I. C. C. DATED1/1/1981.
11. 付款方式 Terms of Payment	THE BUYER SHALL OPEN THOUGH A BANK ACCEPTABLE TO THE SELLER AN IRREVOCABLE LETTER OF CREDIT AT SIGHT TO REACH THE SELLER NOT LATER THAN APRIL 10，2015 VALID FOR NEGOTIATION INCHINA UNTIL THE 15TH DAY AFTER THE DATE OF SHIPMEDNT.
12. 备注 Remarks	

<table>
<tr><td>The Buyer
NG GENERAL TRADING CO.
（signature）</td><td>The Seller
SHANGHAI YUANDA TRADING CO. ,LTD.
（signature）</td></tr>
</table>

（三）实训要求

试根据出口合同 SHDS 09026 开立信用证开证申请书（见表 9-2）。

信用证申请银行：加拿大皇家银行

表 9-2　THE ROYAL BANK OFCANADA
IRREVOCABLE DOCUMENTARY CREDIT APPLICATION

TO：　　　　　　　　　　　　　　　　　　　　　　　　　　　　　　　　DATE：

Applicant(full name and address)	L/C No. Date and place of expiry
Beneficiary(full name and address)	☐ Issued by airmail ☐ With brief advice by teletransmission ☐ Issued by express delivery ☐ Issued by teletransmission (which shall be the operative instrument)
Partial shipments ☐ Allowed ☐not allowed ／ Transshipment ☐ Allowed ☐ not allowed	
Loading on board/dispatch/taking in charge at/from Not later than For transportation to	Amount (both in figures and words)

Description of goods：	Credit available with ☐ by sight payment ☐ by acceptance ☐ by negotiation ☐ By deferred payment at against the documents detailed herein ☐ and beneficiary's draft for　% of the invoice value at on
Packing：	☐FOB　☐ CFR　☐ CIF　☐ or other terms

Documents required：(marked with ×)

1. (　　) Signed Commercial Invoice incopies indicating L/C No. and Contract No.

2. (　　) Full set of clean on board ocean Bills of Landing made out to order and blank endorsed marked "freight [　　]to collect/ [　　] prepaid [　　] showing freight amount" notifying

3. (　　) Air Waybills showing "freight [　　] to collect/ [　　] prepaid [　　] including freight amount" and consigned to

4. (　　) Insurance Policy/ Certificate in copies for　% of the invoice value showing claims payable in China in currency of the draft, blank endorsed, covering [　　] Ocean Marine Transportation/ [　　] Air Transportation/ [　　] Over Land Transportation all risks.

5. (　　) Packing List/ Weight Memo in　copies issued by . indicating quantity, gross and net weights of each package.

6. (　　) Certificate of Quantity/ Weight in　copies issued by

7. (　　) Certificate of Quality in　copies issued by

8. (　　) Certificate of Origin in　copies issued by

9. (　　) Beneficiary's certified copy of fax/ telex dispatched to the accountees within　hours after shipment advising [　　] name of vessel/ [　　] flight No. / [　　] wagon No. , date, quantity, weight and value of shipment.

10. (　　) Other documents, if any：

Additional instructions：

1. (　　) All banking charges outside the opening bank are for beneficiary's account.

2. (　　) Documents must be presented within　days after the date of issuance of the transport documents but within the validity of this credit.

3. (　　) Third party as shipper is not acceptable. Short Form/ Blank Back B/L is not acceptable.

4. (　　) Both quantity and amount　% more or less are allowed.

5. (　　) Prepaid freight dawn in excess of L/C amount is acceptable against presentation of original charges voucher issued by shipping Co. /Air Line/ or it's agent.

6. (　　) All documents to be forwarded in one cover, unless otherwise stated above.

7. (　　) Other terms, if any：

Account No.：with _____(name of bank)

Transacted by：(Applicant：name, signature of authorized person)

Telephone No.：

（四）评价方法

自我评价、小组评价、教师评价。

项 目 小 结

国际贸易买卖合同中确定的结算方式为信用证,买方履行合同时应该按照合同要求的信用证开立时间,及时缮制信用证开证申请书,按照信用证申请开证的流程到银行申请开立信用证。信用证申请书缮制的依据为合同,要与合同内容保持一致。

项目 十 办理订舱和保险

实训目标

1. 熟悉进口贸易中办理货物租船订舱的基本业务流程,并能独立填制相关单据
2. 熟悉办理进口货物运输保险的工作流程,并能正确填写投保单
3. 能够正确填制进口订舱委托书
4. 能够正确填制投保单

业务导入

河南豫达国际贸易有限责任公司与日本泰宏株式会社订立了国际贸易交易合同,由于使用的是 CIF 贸易术语,所以订舱和保险都由卖方日方来办理,买方没有责任。这里只简单介绍一下进口订舱的程序内容。

操作流程

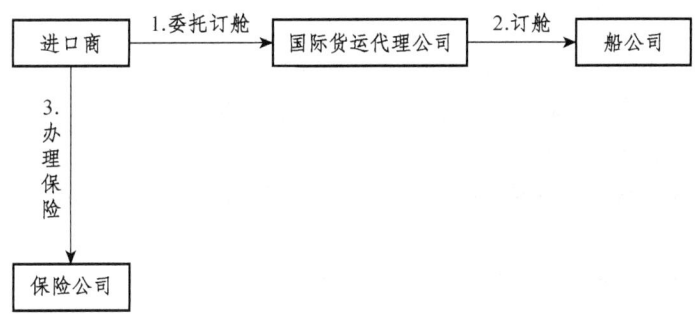

因此,本项目主要有一个任务,即进口商办理订舱和保险。

任务一　办理订舱和保险

一、知识要点

(一) 办理进口租船订舱的程序

在进口贸易中,除了一些贵重物品或急需物资采用空运和邮递方式运输外,大量的进口货物都是通过海洋运输的方式进口的,并且以 FOB 贸易术语签订进口合同的居多。按 FOB 贸易术语签订进口合同时,应由进口方安排船舶,如果进口方自己没有船舶,则应该负责租船订舱或委托货运代理公司办理租船订舱业务。当办妥租船订舱手续后,应及时将船名和船期通知卖方,以便卖方备货装船,避免出现船等货的情况。

对进口方来说,应根据所签订进口合同当中货物的性质和数量来决定租船或订舱的时间,通常根据货运路程的远近而定。一般来说,属远洋 FOB 海运进口货物的,进口方应缮制两个月后交货的订舱单(一式三份),在规定的时间(一般在每月 20 日之前)将订舱单寄送外贸运输公司预订舱位;属近洋 FOB 海运进口货物的,应根据装运情况缮制下个月交货的订舱单(一式六份),在规定的时间(一般在每月 20 日之前)将订舱单寄送外贸运输公司预订舱位。

不论是租船还是订舱,均需办理相关手续。目前,我国进口货物的租船、订舱工作统一委托外运公司办理。

进口方委托外运公司办理进口货物的租船、订舱手续可分为以下四个步骤:

第一步:进口方根据进口合同填写"进口订舱委托书",连同进口合同副本交外运公司和租船公司,委托其具体安排船只或舱位。

第二步:外运公司或租船公司根据进口方的委托,与各承运人或船主联系,具体安排进口货物运输。

第三步:外运公司或租船公司将租船、订舱结果通知进口方。

第四步:进口方将船名及预计到港日期通知国外出口企业,以便其做好装船准备。

海运进口订舱委托书样本(见图 10-1)。

<table>
<tr><td colspan="4" align="center">进口订舱委托书</td></tr>
<tr><td colspan="2">编号:</td><td colspan="2" align="right">日期:　　年　月　日</td></tr>
<tr><td>货　　名
(英文)</td><td colspan="3"></td></tr>
<tr><td>重　　量</td><td></td><td>尺　码</td><td></td></tr>
<tr><td>合 同 号</td><td></td><td>包　装</td><td></td></tr>
<tr><td>装 卸 港</td><td></td><td>交 货 期</td><td></td></tr>
<tr><td>装货条款</td><td colspan="3"></td></tr>
<tr><td>发 货 人
名称地址</td><td colspan="3"></td></tr>
<tr><td>发 货 人
电　　挂</td><td colspan="3">电话:</td></tr>
</table>

订妥船名		预抵港口	
备注		委托单位	

① 危险品须注明性能,重大物件注明每件重量及尺码。
② 装货条款须详细注明。

图 10-1　进口订舱委托书

（二）办理保险的程序

办理保险见项目四任务二。

项 目 小 结

依据国际贸易买卖合同,办理订舱和保险为买方的责任,买方需要按照进口贸易中办理货物租船订舱的基本业务流程,正确填制相关单据,办理订舱;按照办理进口货物运输保险的工作流程,正确填写投保单,办理保险。

项目 十一 办理付汇手续

实训目标

1. 熟悉进口付款赎单的程序和内容
2. 掌握付汇前单证审核的要点

业务导入

河南豫达国际贸易有限责任公司收到付款行"进口信用证付款/承兑通知书"后,到付款行领取出口公司出具的全套议付单据,并对单证审核,确认"单单一致、单证一致"后,办理付汇手续。

操作流程

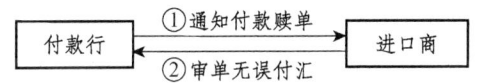

因此,本项目主要有一个任务,即进口商办理付汇手续。

任务一　办理付汇手续

一、知识要点

进口企业付汇分为预付货款和货到付款两种情况。进口企业凭合同或发票到银行国际结算部办理付汇手续,以货到付款方式的,需另附加进口货物报关单。以议付信用证为例,付汇时注意的事项如下。

1. 审核单证

进口商收到付款行"进口信用证付款/承兑通知书"后,到付款行领取出口企业出具的全套议付单据。进口商按照信用证上的规定对提交议付单据的种类、份数和其他要求进行一一审核。所有单据内容应与信用证一致,单据之间内容应一致。

2. 付汇赎单

单据审核无误后,根据汇票的种类进行处理。若为远期汇票,则先进行承兑,到期后委托银行办理付款赎单手续;若为即期汇票,单据核准无误后,直接向付款行办理付汇手续。

二、操作实例

(一)业务背景资料

河南豫达国际贸易有限责任公司收到中国银行的"进口信用证付款/承兑通知书"后,对 NIPPON TAKO CO.,LTD. 公司交付的单据进行审核,并办理付款赎单手续。

(二)实例操作

第一,说出河南豫达国际贸易有限责任公司按信用证规定应收到出口公司出具的哪些议付单证。

第二,审核下列部分议付单证。

1)商业发票

商业发票如图 11-1 所示。

NIPPON TAKO CO., LTD.
NO. 80 9-CHOME, SHINJUKU-KU, TOKYO
TEL：00819038061382

COMMERCIAL INVOICE

TO：HENAN YUDA INTERNATIONAL TRADING CO.,LTD.
ZHENGKAI ROAD NO. 6, ZHENGZHOU, HENAN, CHINA
TEL：86-371-85305222
FAX：86-371-85305221

INVOICE NO. ：NP3786229
INVOICE DATE：2015.05.10
S/C NO.：SC12356
L/C NO.：63211020046

FROM　　　TOKYO, JAPAN TO TIANJIN, CHINA　　　BY SEA

MARKS & NOS.	DECRIPTION OF GOODS	QUANTITY (M)	UNIT PRICE (USD)	AMOUNT (USD)
N/M	WOVEN COTTON	50 000	CIF TIANJIN 2.88	144 000.00
TOTAL：		50 000		144 000.00
TOTAL AMOUNT IN WORDS：SAY U. S. DOLLAS SONE HUNDRED AND FORTY FOUR THOU- SAND ONLY.				

TOTAL AMOUNT IN WORDS：SAY U. S. DOLLAS   SONE HUNDRED AND FORTY FOUR THOU-
SAND ONLY.

NIPPON TAKO CO., LTD.
TIM

图 11-1　商业发票

2）装箱单

装箱单如图 11-2 所示。

NIPPON TAKO CO. , LTD.
NO. 80 9-CHOME, SHINJUKU-KU, TOKYO
TEL：00819038061382

PACKING LIST

TO：HENAN YUDA INTERNATIONAL TRADING CO. ,LTD.
ZHENGKAI ROAD NO. 6, ZHENGZHOU, HENAN, CHINA
TEL：86-371-85305222
FAX：86-371-85305221

INVOICE NO. ：NP3786229
INVOICE DATE：2015. 05. 10
S/C NO.：SC12356
L/C NO.：63211020046

FROM　　TOKYO, JAPAN TO TIANJIN, CHINA　　BY SEA

MARKS & NOS.	DECRIPTION OF GOODS	QUANTITY (M)	G. W. (KGS)	N. W. (KGS)	MEAS. (CBM)
N/M	WOVEN COTTON	50 000	15 250	15 000	23
TOTAL：		50 000	15 250	15 000	23

PACKING：PACKED IN CARTON, 500 CARTONGS IN A 20 FT CONTAINER.
TOTAL PACKAGS IN WORDS：SAY FIVE HUNDRED　　CARTONS.

NIPPON TAKO CO., LTD.
TIM

图 11-2　装箱单

3）汇票（见表 11-1）

表 11-1　BILL OF EXCHANGE

凭　　　　　　　　　　　　　　　　　　　　信用证
Drawn under ___CHINA BANK, ZHENGZHOU BRANCH___ L/C No. ___63211020046___

日期　　　　　　　　　　　按　　息　　　　　　　　　　　付款
Dated ___MAY. 10, 2015___ payable with interest @_____ % per annum

号码　　　　　　　　汇票金额　　　　　日本,东京　　　年　月　日

No. __NP3786229__ Exchange for USD144 000.00 TOKYO, JAPAN, DATE：

见票　　　　　　　　　日后(本汇票之副本未付)付交

At ___ ＊＊＊ ___ sight of the FIRST of Exchange (Second of Exchange being unpaid)

Pay to the order of ___ CHINA BANK，TOKYO BRANCH ___ 或其指定人

金额

The sum of SAY U. S. DOLLARS ONE HUNDRED AND FORTY FOUR THOUSAND ONLY.

此致

To：___ CHINA BANK，ZHENGZHOU　　　BRANCH ___

_____

NIPPON TAKO CO.，LTD.

审核无误后,同意付款。

中国银行
BANK OF CHINA

进口信用证付款/承兑通知书

申请人： 河南豫达国际贸易有限责任公司	信用证号：63211020046
	汇票金额：USD144 000.00
	汇票期限：AT SIGHT
	汇票到期日：2015 年 7 月 15 日

寄单行：CHINA BANK，TOKYO BRANCH

受益人：HENAN YUDA INTERNATIONAL TRADING CO.，LTD.

单据	汇票	发票	海运提单	空运提单	货物收据	保险单	装箱单	重量单	数量证书	装运通知		
	1	5	3				3		5	1		

货物：棉织布（WOVEN COTTON）

不符点：无

上述单据已到，现将影印单据提交贵公司：

　　请审核并备妥票款于 2013 年 7 月 15 日前来我行，如不在上述期限来我行承兑，即作为你公司同意授权我行在公司存款账户内支出票款对寄单行承兑。

　　对于上述不符点，你公司如不同意接受，请于 2013 年 7 月 15 日前书面通知我行，如不在上述期限来我行办理拒付，又不将单据退回我行，即作为你公司接受不符点并授权我行在你公司存款账户内支出票款对寄单行承兑。

中国银行
2015 年 7 月 12 日

同意付款
2015 年 7 月 15 日
（河南豫达国际贸易有限责任公司签章）

三、实训操作练习

(一) 业务背景

SUN TRADE CORP.，LTD. 公司收到 CITI BANK，NEWARK 的"进口信用证付款/承兑通知书"，请办理相关付汇手续。

（二）业务资料

见出口贸易项目三中信用证和项目六中结汇交单的单据。

（三）实训要求

（1）审核河南豫达国际贸易有限责任公司提交的议付单据（见表11-2）是否存在问题。

（2）通知付款行付款。

表11-2　对外付款/承兑通知书

CITI BANK 对外付款/承兑通知书		
TO：CITY BANK 致：美国花旗银行		DATE：MAY 06，2013 日期
AB NO.　CB39590872 单据编号		DRAFT AMOUNT　　USD 66 650.00 单据金额
L/CNO.　0068LC135256 信用证号		DO MAIL DT.　　MAY 05，2015 寄单日期
CONTRACT NO.　YD13031501 合同号		TENOR TYPE 远期期限
WE ARE IN RECEIPT OF THE AB ADVICE　OF DOCUMNETS UNDER THE ABOVE MENTIONED ITEMS WHICH ARE 上述项下的到单通知已收悉我司 □AGREE TO SIGHT PAYMENT 同意即期付款 □AGREE TO ACCEPTANCE AND PAYMENT AT MATURITY 同意承兑并到期付款 □APPLY TO REFUSAL OF PAYMENT 申请拒付 　DISCREPANCY（IES）： 　不符点 　　　　　　　　　　　　　　　　　　　　　CITY BANK SIGNED		

（四）评价方法

能够正确审核议付单证，指出议付单证的正确与否，并能够填写付款通知书。

项 目 小 结

本项目介绍了进口企业如何办理付汇手续。进口企业应根据不同的国际支付方式确定付汇的流程，但无论哪种支付方式都应首先注意审核出口商所交付单证，保证"单证一致、单单一致"，然后再按合同或信用证要求通知银行进行付汇。

项目 十二 办理进口报检和报关

实训目标

1. 了解进境货物报检流程
2. 了解进口货物报关流程
3. 掌握进境货物报检单的填制
4. 掌握进口货物报关单的填制

业务导入

河南豫达国际贸易有限责任公司进口货物付汇后取得相关单证。进口货物入境后,属于法检商品的,自行或委托报检公司办理报检手续。商品检验检疫合格的由出入境检验检疫局签发入境货物通关单,河南豫达国际贸易有限责任公司或其委托的报关公司凭入境货物通关单办理报关进口手续。

操作流程

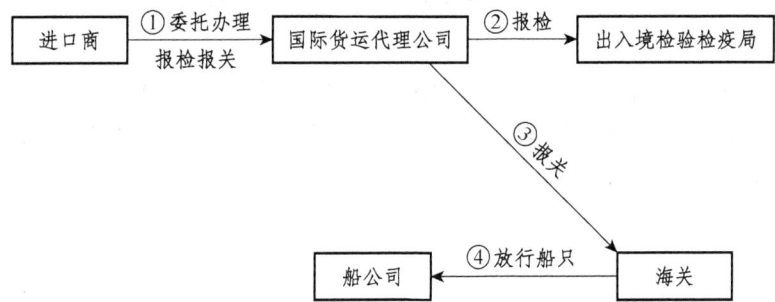

因此,按操作程序分解为以下两个任务:

(1) 办理进口报检手续。

(2) 办理进口报关手续。

任务一 办理进口报检手续

一、知识要点

(一) 操作流程

办理进口报检手续操作流程如图 12-1 所示。

图 12-1 办理进口报检手续操作流程

(二) 知识要点

进口货物抵港后,进口企业凭付汇取得海运提单等相关单据提货。我国规定,海关放行允许进口后才可以提取货物,如属于国家规定的法检商品,还需要先向出入境检验检疫局申请商检,合格的商品凭出入境检验检疫局出具的入境货物通关单再向海关办理申报进口手续。

因此,若进口商品为法检商品,需要进口企业自理报检,或填写代理报检委托书委托国际货运代理公司(报检公司)办理报检业务。进口企业或其委托企业进入电子口岸系统进行网上报检申请,然后到出入境检验检疫局服务大厅提交纸质报检单并随附合同、信用证、发票、装箱单等相关单据进行现场报检。

出入境检验检疫局受理报检计收商检费用后实施商检,符合国家规定的签发入境货物通关单或其他报检人申请商检证书。但特殊商品可以先行签发入境货物通关单或其他报检人申请的商检证书,再实施商检,如鲜活商品。

二、操作实例

(一) 业务背景资料

河南豫达国际贸易有限责任公司填写代理报检委托书(填制方法见项目五)委托河南责邦国际货运代理公司代为办理报检业务,并向其提供合同、信用证、发票、装箱单等有关单据。

(二) 实例操作

1. 填写入境货物报检单

河南责邦国际货运代理公司填写代理报检委托书(样单和填制方法见项目五)后,河南责邦国际货运代理公司通过电子口岸系统填制入境电子报检单,打印纸质入境货物报检单如图 12-2 所示。

中华人民共和国出入境检验检疫
入境货物报检单

报检单位(加盖公章):河南责邦国际货运代理公司　　　　　　　　　　　* 编号××××××××

报检单位登记号:4109932456　　联系人:×××　　电话:×××　　报检日期:2015 年 7 月 7 日

发货人	(中文)			企业性质(划"√")		□合资 □合作 √外资	
	(外文)NIPPON TAKO CO.，LTD.						
收货人	(中文)河南豫达国际贸易有限责任公司						
	(外文)HENAN YUDA INTERNATIONAL TRADING CO.，LTD.						

货物名称(中/外文)	H.S.编码	原产国(地区)	数/重量	货物总值	包装种类及数量
棉织布 WOVEN COTTON	5513.1120.20	日本	50 000 米	144 000.00 美元	500 箱

运输工具名称号码	MOL V.3949		合同号	SC12356

贸易方式	一般贸易	贸易国别(地区)	中国	提单/运单号	MOLV39846
到货日期	20150707	启运国家(地区)	日本	许可证/审批号	
卸毕日期	20150708	启运口岸	东京	入境口岸	天津
索赔有效期至	20150908	经停口岸	***	目的地	郑州

集装箱规格、数量及号码	一个 20 米 TEXU 3605231		
合同订立的特殊条款 以及其他要求	无	货物存放地点	×××
		用途	其他

随附单据(划"√"或补填)		标记及号码	* 外商投资财产(划"√")	□是 √否
√合同	□到货通知			* 检验检疫费	
√发票	√装箱单		总金额 (人民币元)	
√提/运单	□质保书			
□兽医卫生证书	□理货清单		计费人	
□植物检疫证书	□磅码单	无		
□动物检疫证书	□验收报告		收费人	
□卫生证书	□			
□原产地证	□			
□许可/审批文件	□			

报检人郑重声明:	领取证单		
1. 本人被授权报检。	日期		
2. 上列填写内容正确属实。			
签名:×××	签名		

注:有"*"号栏由出入境检验检疫机关填写。　　　　　　◆国家出入境检验检疫局制
[1-1(2015.1.1)]

图 12-2　入境货物报检单

2. 签发入境货物通关单

出入境检验检疫局受理报检并计收费用后,进行施检,对于合格的签发入境货物通关单,如图 12-3 所示。

中华人民共和国出入境检验检疫
入境货物通关单

编号:×××××

1. 收货人 河南豫达国际贸易有限责任公司			5. 标记及唛码 无
2. 发货人 NIPPON TAKO CO., LTD.			
3. 合同/提(运)单号 SC12356	4. 输出国家或地区 日本		
6. 运输工具名称及号码 MOL V. 3949	7. 目的地 中国		8. 集装箱规格及数量 1 个 20 米集装箱 TEXU3605231
9. 货物名称及规格 棉织布	10. H. S. 编码 5513.1120.20	11. 申报总值 144 000.00 美元	12. 数/重量、包装数量及种类 50 000 米
13. 证明 **上述货物业已报验/申报,请海关予以放行。** 日期:2015 年 7 月 8 日 签字:×××			
14. 备注			

图 12-3 入境货物通关单

三、实训操作练习

(一)业务背景

郑州凡科进出口公司委托河南速达国际货运代理公司办理进口货物报检手续,提供代理报检委托书并随附合同、信用证、发票、装箱单等相关单据。

(二)业务资料

根据合同、信用证、发票、装箱单等单据上显示的信息,相关业务资料如下:

出口商:美国 LIGHT 贸易有限公司

合同号:FK14050622

信用证号:SAT8630193

提单号:ZW49282750

货物名称:等离子彩色电视数字电视接收器

H. S. 编码:8528.7232

监管条件:AB

单价:USD 80.00 CIP ZHENGZHOUPER SET

数量及包装:1 000 台,每台单独纸箱包装,100 台装入一个大纸箱,共 10 箱

启运地:美国纽约

目的地:河南郑州

进口海关:郑州海关

抵港日期:2015 年 7 月 20 日

运输方式:航空运输

运输工具名称及号码:CZ 3628

货物用途:自营内销

河南速达国际货运代理公司注册登记号:4109912345

(三) 实训要求

根据以上资料,填制入境货物报检单(见图 12-4)。

中华人民共和国出入境检验检疫
入境货物报检单

报检单位(加盖公章):   * 编号_____

报检单位登记号: 联系人: 电话: 报检日期: 年 月 日

发货人	（中文）	企业性质（划"√"）	□合资□合作□外资
	（外文）		
收货人	（中文）		
	（外文）		

货物名称(中/外文)	H.S.编码	原产国(地区)	数/重量	货物总值	包装种类及数量

运输工具名称·号码			合同号	
贸易方式		贸易国别(地区)	提单/运单号	
到货日期		启运国家(地区)	许可证/审批号	
卸毕日期		启运口岸	入境口岸	
索赔有效期至		经停口岸	目的地	

集装箱规格、数量及号码	

合同订立的特殊条款 以及其他要求		货物存放地点	
		用 途	

随附单据(划"√"或补填)	标记及号码	* 外商投资财产(划"√")	□是□否

□合同	□到货通知		* 检验检疫费	
□发票	□装箱单		总金额 (人民币元)	
□提/运单	□质保书			
□兽医卫生证书	□理货清单		计费人	
□植物检疫证书	□磅码单			
□动物检疫证书	□验收报告		收费人	
□卫生证书	□			
□原产地证	□			
□许可/审批文件	□			

报检人郑重声明:	领取证单	
1. 本人被授权报检。		
2. 上列填写内容正确属实。	日期	
签名:_____	签名	

注:有"＊"号栏由出入境检验检疫机关填写。   国家出入境检验检疫局制

[1-1(2015.1.1)]

图 12-4 入境货物报检单

（四）评价方法

能够正确填制入境货物报检单。

任务二　办理进口报关手续

一、知识要点

（一）操作流程

办理进口报关手续操作流程如图 12-5 所示。

图 12-5　办理进口报关手续操作流程

（二）知识要点

根据《中华人民共和国海关法》规定,进口货物自装载货物的运输工具申报进境之日起 14 日内需要向海关进行申报。在海关备案的有进出口经营权的企业可以自理报关,未在海关备案的外贸企业可以委托报关企业代为办理报关手续。通关流程如下。

1. 自理或代理报关

自理报关的外贸公司报关员根据合同、发票、装箱单等单据内容,通过海关电子口岸系统填写电子报关单进行电子申报。委托报关企业代为向海关办理报关业务的出口企业,应填写代理报关委托书,并提供合同、发票、装箱单等相关单证,由报关企业填写报关单向海关申报。

2. 报关

进出口企业或报关企业通过电子口岸系统填制电子报关单进行电子申报,海关电子审核通过后,进出口企业或报关企业打印出纸质进口货物报关单并随附合同、发票、装箱单等相关单证到口岸海关进行现场申报。

3. 配合查验、缴纳税费

海关接受申报后,可依法对货物进行核查,进出口企业或报关企业应配合海关查验。同时,海关根据《中华人民共和国进出口税则》规定,对于需要缴税的进口货物开具税款缴款书,进口企业在规定时间缴纳税费后,报请海关放行。

4. 放行提货

进口企业或其代理人凭盖有海关放行章的进口提货单到海关监管区办理货物提取手续。进口企业提取货物后可进行国内销售或加工。

二、操作实例

（一）业务背景资料

河南豫达国际贸易有限责任公司收到入境货物通关单后,填写代理报关委托书(见项目五)委托河南赉邦国际货运代理公司代为办理报关业务,并向其提供合同、发票、装箱单等有关单据。

（二）实例操作

河南责邦国际货运代理公司通过海关电子口岸系统进行网上电子申报,电子审核通过后,打印纸质进口货物报关单(见图12-6)并随附合同、发票、装箱单等相关单据到口岸海关现场申报。

中华人民共和国海关进口货物报关单

预录入编号：×××××××　　　　　　　　　　　　　　　　　　海关编号：×××××××

进口口岸 天津海关		备案号		进口日期		申报日期
经营单位 河南豫达国际贸易有限责任公司(×××)		运输方式 水上运输	运输工具名称 MOL V. 3949		提运单号 MOLV39846	
收货单位 河南豫达国际贸易有限责任公司(×××)		贸易方式 一般贸易	征免性质 一般征税		征税比例	
许可证号	起运国(地区) 日本		装货港 东京		境内目的地 郑州(×××××)	
批准文号	成交方式 CIF		运费	保费	杂费	
合同协议号 SC123456	件数 500		包装种类 箱	毛重(千克) 15 250	净重(千克) 15 000	
集装箱号 TEXU36052312/20/ 2275		随附单据			用途	
标记唛码及备注 N/M						

项号	商品编号	商品名称、规格型号	数量及单位	原产国(地区)	单价	总价	币制	征免
01	5 513.1 120.20	棉织布	50 000 米	日本	2.88	144 000.00	美元	照章征税
		65％涤纶 35％棉	15 000 千克					

税费征收情况			

录入员　　录入单位	兹声明以上申报无讹并承担法律责任	海关审单批注及放行日期(签章)	
报关员×××		审单	审价
	申报单位(签章)	征税	统计
单位地址		查验	放行
邮编　　　电话　　　填制日期			

图 12-6　进口货物报关单

三、实训操作练习

(一) 业务背景

郑州凡科进出口公司委托河南速达国际货运代理公司办理进口货物报关手续,提供代理报关委托书并随附合同、发票、装箱单等相关单据。

(二) 业务资料

根据合同、发票、装箱单等单据上显示的信息,相关业务资料如下:

出口商:美国 LIGHT 贸易有限公司

合同号:FK 14050622

信用证号:SAT 8630193

提单号:ZW 49282750

货物名称:等离子彩色电视数字电视接收器

H. S. 编码:8528. 7232

监管条件:AB

单价:USD 80. 00 CIP ZHENGZHOU PER SET

数量及包装:1 000 台,每台单独纸箱包装,100 台装入一个大纸箱,共 10 箱

重量:毛重 5 200KG,净重 5 000KG

启运地:美国纽约

目的地:河南郑州

进口海关:郑州机场海关 4604

抵港日期:2015 年 7 月 20 日

运输方式:航空运输

运输工具名称及号码:CZ 3628

(三) 实训要求

根据以上资料,填制进口货物报关单(见图 12-7)。

中华人民共和国海关进口货物报关单

预录入编号: 　　　　　　　　　　　　　　海关编号:

进口口岸		备案号	进口日期	申报日期
经营单位		运输方式	运输工具名称	提运单号
收货单位		贸易方式	征免性质	征税比例
许可证号	起运国(地区)		装货港	境内目的地
批准文号	成交方式	运费	保费	杂费
合同协议号	件数	包装种类	毛重(公斤)	净重(公斤)
集装箱号	随附单据			用途
标记唛码及备注				

项号	商品编号	商品名称、规格型号	数量及单位	原产国(地区)	单价	总价	币制	征免

录入员　　　录入单位	兹声明以上申报无讹并承担法律责任	海关审单批注及放行日期(签章)
		审单　　　　　　审价
报关员××× 　　　　　　　　申报单位(签章)		征税　　　　　　统计
单位地址		查验　　　　　　放行
邮编　　　　电话　　　　填制日期		

图 12-7　进口货物报关单

（四）评价方法

能够根据相关单据正确填写进口货物报关单。

项 目 小 结

在我国,无论出口贸易还是进口贸易均应按"先报检、再报关"的原则进行货物申报。进口企业应对需要商检的进口货物自行或委托报检公司办理报检业务,再向海关办理进口报关,海关放行后,进口企业或其委托的国际货运代理企业到口岸提货运至国内市场销售。

参 考 文 献

［1］韩晶玉,李辉. 国际贸易实务实训教程[M]. 大连:东北财经大学出版社,2014.

［2］张晓明,刘文广. 国际贸易实训[M]. 北京:高等教育出版社,2013.

［3］查良松. 国际贸易实务仿真实训[M]. 北京:中航出版传媒有限责任公司,2012.

［4］许彦斌. 进出口业务流程综合实训[M]. 北京:对外经济贸易大学出版社,2010.

［5］严玉康. 进出口业务综合实训[M]. 上海:立信会计出版社,2010.

［6］李二敏. 进出口贸易综合实训教程[M]. 北京:对外经济贸易大学出版社,2011.

［7］马慧敏. 出口贸易情景模拟实训[M]. 上海:立信会计出版社,2011.

［8］祝卫,程洁,谈英. 出口贸易模拟操作教程[M]. 上海:上海人民出版社,2008.